elefante

CRIAÇÃO HUMANA

elefante

Conselho editorial
Bianca Oliveira
João Peres
Tadeu Breda

Edição
Tadeu Breda

Assistência de edição
Luiza Brandino

Preparação
Richard Sanches

Revisão
Laura Massunari
Eduarda Rimi

Ilustração da capa
Catarina Bessel

Diagramação
Denise Matsumoto

Capa e direção de arte
Bianca Oliveira

Organização
Silvia Federici
Verónica Gago
Luci Cavallero

QUEM DEVE A QUEM?

Ensaios transnacionais de desobediência financeira

Introdução

QUEM DEVE A QUEM? MANIFESTO PELA DESOBEDIÊNCIA FINANCEIRA

Silvia Federici

Verónica Gago

Luci Cavallero

1

A pandemia acelerou a crise planetária. A ameaça à vida se amplifica, evidenciando as consequências de políticas destrutivas que operam há muitos anos. No entanto, gostaríamos de ressaltar que, hoje, a dívida é a verdadeira praga que assola milhões de pessoas em todo o mundo e, em especial, as mulheres, lésbicas, travestis e trans.

A dívida expressa um momento de grande concentração de capital e de sua projeção para o futuro. Mesmo na pandemia, em meio à suspensão de atividades, o capital financeiro não se deteve. O endividamento doméstico, que já era observado nos últimos anos, se diversificou e se expandiu com a emergência da covid-19, já que as dívidas "não bancárias" — alimentos, medicamentos, aluguel e serviços de luz, água, gás e acesso à internet — cresceram em ritmo acelerado, como se nota com mais clareza nos lares monomarentais,[1] onde as mulheres são responsáveis pelo sustento das crianças, o que converte o endividamento em mais uma forma de acentuar as desigualdades de gênero.

Como tem feito desde seus primórdios, o capitalismo busca, hoje, impor novos cercamentos à alimentação e à saúde, e empresas como a Amazon estão dispostas a fechar ainda mais o cerco, avançando com fúria sobre os circuitos de distribuição, de logística e de dados. A isso se soma a máquina do capital financeiro, que faz o mesmo com a terra e a habitação: o aumento do aluguel caminha em paralelo a uma valorização urbana promovida por dinâmicas expulsivas, decorrentes da especulação imobiliária. E a questão não se limita ao valor de um aluguel ter se tornado equivalente a um salário (para os que o recebem), mas vai além, pois, com a pandemia, contrair uma dívida para pagar o aluguel converteu-se em uma forma de "salvatagem" para evitar momentaneamente o despejo.

2

A dívida funciona como o maior mecanismo de acumulação de riqueza para o capitalismo atual e, simultaneamente, atua como uma forma de controle social. É uma ferramenta política do capital para explorar e confiscar a vitalidade social e determinar o tempo futuro.

Isso significa que a financeirização não é um processo que se desenvolve por si mesmo, mas que interpreta e captura um desejo de autonomia expressado pelas lutas em distintos ciclos de

1 Neologismo derivado do vocábulo "monoparental", escolha lexical para evidenciar o fato de que a grande maioria das famílias monoparentais é sustentada por uma mulher. [N.E.]

organização, ao mesmo tempo que responde a essa ânsia. Assim, o avanço das finanças sobre a reprodução social, especialmente sobre as economias feminizadas, é uma resposta às demandas feministas pelo reconhecimento de tarefas historicamente desvalorizadas, mal pagas e invisibilizadas, e a um desejo de autonomia econômica.

Nesse sentido, o endividamento doméstico massivo dos últimos anos é uma reação ao protagonismo político feminista nos distintos âmbitos do trabalho, do sindicalismo e das lutas territoriais. Trata-se de um modo particular de moralização, que busca limitar e conter o questionamento aos papéis de gênero nas tarefas de reprodução social e à responsabilização imposta às famílias para que assumam os custos da crise. É nesse sentido que devem ser lidas as propostas para transformar as donas de casa, as trabalhadoras precarizadas e as desempregadas em "empresárias de si mesmas" e/ou empreendedoras através do endividamento. E, para outro setor social, o que vemos são propostas de endividamento com "bancos de mulheres", isto é, um modo de essas instituições financeiras traduzirem o "desejo" de mudança em desejo de crédito. As mulheres, entendidas como empreendedoras "naturais", devedoras responsáveis e consumidoras compulsivas (conforme segmentações de classe), aparecem codificadas dessa forma pela linguagem das finanças.

Durante a pandemia, o aumento do trabalho de reprodução foi brutal: além dos encargos relativos à educação das crianças dentro de casa e de zelar pelos cuidados delas, as exigências com a limpeza aumentaram e se somaram às atividades do trabalho remoto. Esse incremento do trabalho reprodutivo gerou, paradoxalmente, mais dívida. O trabalho não reconhecido nos lares se traduz em desigualdade de renda, que, por sua vez, se transforma em engrenagem de endividamento. Essa situação, ademais, tem relação direta com o crescimento das economias ilegais, que oferecem empregos em situações de alta vulnerabilidade, contribuindo, por fim, para o aumento das violências.

3

Chamamos esse processo de *colonização financeira* da reprodução social, já que toma as populações mais empobrecidas e precarizadas como território de conquista e as torna dependentes da dívida para sua economia cotidiana. Quando a relação de dívida se volta para baixo, difundem-se em cascata os efeitos da dívida contraída pelos Estados. As espoliações e as privatizações que provocam o endividamento estatal se transformam em endividamento forçado dos setores subalternos, que passam a acessar bens e serviços através da dívida. O efeito produzido é o de se alterar tanto a relação entre renda e dívida quanto entre dívida e acesso a direitos. O propósito é converter a vida em uma soma de dívidas: a que pagamos por nosso país e a que pagamos pessoalmente.

O capital — e as ofensivas patronais e financeiras pelas quais ele se expressa — busca tirar proveito da situação de crise para reconfigurar as formas de trabalho, os modos de consumo, os parâmetros de renda e as relações de sexo e gênero. Mais concretamente, podemos pensar que estamos diante de uma reestruturação das relações de classe cujo principal cenário é o âmbito da reprodução social. Isso inclui os lares, mas também os trabalhos reprodutivos realizados além dos limites da moradia.

4

Se o endividamento é uma resposta a uma sequência específica de lutas, como mencionamos, também é um mecanismo de exploração do trabalho e de extração de tempo de vida. Podemos falar de um "extrativismo financeiro", visto que, ao ampliar a noção de extrativismo, buscamos evidenciar as formas de extração de valor já colocadas em prática pela dívida sem a necessidade da mediação salarial, mas, antes, agindo sobre as formas múltiplas e heterogêneas da força de trabalho contemporânea. Contudo, queremos, além disso, dar visibilidade, de modo concreto, ao tempo e aos trabalhos dos quais a dívida se nutre. Quem são aquelas que se endividam e quais papéis de gênero a obrigação financeira reforça? Acreditamos não ser por acaso que ações contra a dívida venham sendo promovidas pelo movimento feminista. Há aí uma batalha pela reapropriação e liberação do tempo para todos nós, contra a extração financeira e a desvalorização dos trabalhos feminizados.

5

É preciso dizer: "basta!". Diante da riqueza desmedida, devemos pôr um fim às novas formas de escravidão pelo endividamento e à servidão involuntária à qual o capitalismo financeiro nos submete.

A obrigação da dívida, a sentença de que não nos resta outra opção senão nos endividarmos para viver, demonstra que a dívida funciona como ferramenta produtiva. Coloca-nos para trabalhar. Obriga-nos a trabalhar mais. Compele-nos a vender nosso tempo e nosso esforço futuro. Propõe, como horizonte, que paguemos até morrer. Deseja comandar nosso esforço por décadas e prolongar-se por gerações. Dívidas para a vida inteira. Dívidas alimentadas como obrigação graças ao sentimento de culpa que diz respeito à nossa responsabilidade como devedoras, ao nosso fracasso como empreendedoras, às nossas responsabilidades como cuidadoras, às nossas exigências por serviços públicos. A dívida suga nossa energia vital.

6

Existe uma história de movimentos contra a dívida. Há um histórico prático do não pagamento. Quando dizemos que "queremos permanecer vivas, livres e desendividadas", que "não devemos, não pagaremos", quando dizemos "*strike debt!*" [greve/golpe contra dívida], quando dizemos, ainda, que somos nós contra a dívida, transformamos um clamor e uma desobediência concreta em voz coletiva.

Neste livro, que não deixa de ser um livro-manifesto, reunimos experiências que analisam e problematizam o endividamento, ao mesmo tempo que atuam contra ele, inventando formas de visibilizar e confrontar a obrigação financeira.

Trata-se de formas práticas de pesquisar a dívida e declará-la ilegítima. Começamos então invertendo a questão: quem deve a quem? É necessário apresentar a conta aos verdadeiros devedores — a conta pelo que não pagaram historicamente — e nos reapropriarmos da riqueza coletiva que produzimos.

• • • •

Este livro plural e transnacional dá continuidade aos debates iniciados com a publicação de *Uma leitura feminista da dívida: vivas, livres e sem dívidas nos queremos* (Criação Humana, 2019 [2022]) e aos diálogos transnacionais de *La internacional feminista: luchas en los territorios y contra el neoliberalismo* (Tinta Limón, 2019). De modo mais amplo, buscamos abordar aqui o repúdio ao endividamento a partir de diversos movimentos feministas, antirracistas e populares, fazendo da luta contra as dívidas externa e doméstica uma palavra de ordem em várias línguas.

A pandemia atravessa os textos de diferentes formas. Ao contrário da ideia amplamente divulgada de que a quarentena global implicou um refreamento mais ou menos generalizado, denunciamos que a extração de renda financeira jamais se interrompeu. Pelo contrário: a pandemia representou um aumento das dívidas, inclusive fez surgir dívidas novas, intensificando os mecanismos de espoliação e extração.

Acreditamos que uma leitura que aprofunde e pluralize a compreensão do endividamento permite também ampliar o que entendemos por lutas contra a dívida. Confrontar a dívida externa e doméstica é problematizar e desnaturalizar a mediação financeira para acessar bens básicos à reprodução social. Confrontar a dívida externa e doméstica e exigir a investigação de dívidas ilegítimas contraídas pelos Estados é também lutar por saúde, educação, aposentadoria e moradia. O embate contra a dívida externa e doméstica não pode deixar de lado o desafio de inventar formas de financiamento por fora dos circuitos usureiros de bancos e financeiras. Confrontar a dívida é também desarmar o sentimento de culpa e vergonha decorrente de estar endividada e a moral de ser considerada uma "boa pagadora", ou seja, é confrontar os papéis de gênero que nos atam ao âmbito doméstico e ao trabalho sem remuneração.

Para produzir este mapa de experiências e análises de desobediência financeira, reunimos textos da Argentina, de Porto Rico, do Chile, do Equador, da Guatemala, de Marrocos, da Espanha, dos Estado Unidos, da Itália e do Brasil.

Começamos o percurso com um texto fundamental de Silvia Federici, inédito em português e sobre o qual se assentam as bases históricas de uma análise feminista da relação das mulheres com o dinheiro e com a dívida como resposta à crise dos anos 1970. Em seguida, Shariana Ferrer-Núñez e Zoán Tanís Dávila Roldán, da Colectiva Feminista en Construcción, narram sua militância contra a dívida em Porto Rico, estabelecendo uma sequência de ações e conceitualizações em perspectiva anticolonial. Logo depois, um manifesto redigido conjuntamente, durante a pandemia, pelo coletivo Ni Una Menos e pela organização Inquilinos Agrupados de Argentina, aborda a imbricação entre a dívida por moradia e a violência de gênero, ao que se segue um texto de Luci Cavallero e Verónica Gago sobre o conceito de "violência proprietária"; no fim do livro, as mesmas autoras relançam essa reflexão em um texto sobre o modo como opera a chamada "inclusão financeira", segundo uma leitura feminista da dívida. A discussão sobre a financeirização do acesso à moradia continua na intervenção de Lotta Meri Pirita Tenhunen, da Plataforma Afectados por la Hipoteca (PAH), da Espanha, que narra a organização de vizinhas para evitar ser despejadas durante a pandemia. A antropóloga e ativista Hannah Appel, cofundadora do Debt Collective, dos Estados Unidos, propõe pensar formas de organização à altura da "ubiquidade" da dívida, explicando as estratégias levadas a cabo para sua abolição. Do Equador, a organização feminista Mujeres de Frente, que se dedica a examinar e combater os impactos nocivos da prisão na vida das mulheres penalizadas e das crianças sob sua responsabilidade, junto com a experiência da Caja de Ahorro 1º de Mayo, nos ajuda a imaginar possíveis "comunidades de cooperação" para evitarmos os circuitos usureiros e organizarmos outras lógicas vinculadas ao trabalho nas economias populares de rua.

Do coração da revolta latino-americana, Juan Pablo Rojas, do coletivo chileno Deuda Educativa, nos conta sobre o lugar central ocupado pelo endividamento no modelo imposto pela ditadura de Pinochet e as distintas estratégias que o grupo vem promovendo para enfrentá-lo, as quais vão desde o litígio judicial até a ação direta.

Os pesquisadores e militantes Eduardo Codianni e Pedro Biscay, da Argentina, analisam a estratégia jurídica para fazer avançar a investigação da maior dívida externa do país, assumida durante o governo de Mauricio Macri (2015-2019), detalhando algumas ações ainda em curso vinculadas ao caso. Em seguida, Omar Aziki, do Comitê pela Abolição de Dívidas Ilegítimas (CADTM) de Marrocos, narra os protestos das mulheres pobres de seu país, superendividadas com microcréditos.

Em um diálogo com Marta Malo, de La Laboratoria, as integrantes do coletivo de trabalhadoras domésticas migrantes, Rafaela Pimentel e Constanza Cisneros, juntamente com Amalia Caballero, da Território Doméstico, Myrian Espinoza e Lotta Tenhunen, da PAH Vallekas, e a advogada sevilhana e cigana Pastora Filigrana, refletem acerca de pontos-chave para pensar um sindicalismo feminista e migrante contra a dívida.

A pesquisadora Gladys Tzul Tzul, da Guatemala, analisa como lutar pela terra é também lutar contra a dívida e contra a espoliação das tramas comunitárias. Michele Spanò, pesquisador da Itália, nos fala sobre a necessidade de repensar a ideia do "contrato" da dívida a partir da situação excepcional da pandemia. Graciela Rodriguez e Paula Sarno nos contam sobre a situação de endividamento familiar no Brasil durante a pandemia. O livro termina com um texto de Silvia Federici que historiciza o debate sobre a renda básica garantida, colocando em perspectiva suas origens e as tensões quanto a seu sentido político, que há décadas voltam a emergir.

O momento em que surge este livro é, de alguma forma, auspicioso. Os levantes em curso na Colômbia, assim como os resultados das eleições constituintes no Chile, são grandes cenários para a desobediência financeira. A América Latina é um continente que se rebela permanentemente contra os planos do capital financeiro internacional para o empobrecimento das maiorias.

Nova York / Buenos Aires,
Julho de 2021

1

MULHERES, DINHEIRO E DÍVIDA: NOTAS PARA UM MOVIMENTO FEMINISTA DE REAPROPRIAÇÃO

Silvia Federici

Tanto os teóricos liberais quanto os de esquerda concordariam que uma das principais transformações na organização da reprodução social de nosso tempo foi a migração massiva de mulheres, ocorrida nos anos 1980 e 1990 nos Estados Unidos, do trabalho doméstico para o trabalho assalariado, sendo esta a força motriz — assim se argumenta — da criação de uma nova ordem social e de um novo regime de gênero.

Esse fato foi aclamado como uma grande conquista para as mulheres e para a sociedade, porque, pela primeira vez, muitas delas puderam se libertar da dependência dos homens e desenvolver suas capacidades, colocando-as a serviço do bem comum, em vez de limitar o escopo de suas atividades ao perímetro restrito do lar.

A economia, nos disseram, se beneficiou enormemente da entrada massiva das mulheres na força de trabalho e da subsequente mercantilização de muitas tarefas antes realizadas em casa. Foram as mulheres as responsáveis pelo período mais longo de crescimento nas últimas décadas do século.

Contudo, essa avaliação positiva se deve ao fato de se dar menos atenção a uma série de processos correlatos que, na verdade, põem em xeque o otimismo ilimitado relativo à feminização da força de trabalho. Para muitas mulheres, o emprego assalariado representou, sem dúvida, uma vitória em relação ao confinamento no âmbito doméstico e à subordinação inscrita no "acordo matrimonial". Mas, para muitas outras, especialmente para as mulheres negras e para as brancas sem formação universitária, ele trouxe poucos benefícios, já que elas foram incluídas nos níveis mais baixos da força de trabalho remunerada: os salários eram uma miséria, e os empregos, os mais precários.

Ademais, logo que as mulheres se integraram à força de trabalho, foram desmantelados os serviços sociais instaurados depois do fim da Segunda Guerra Mundial, os quais tinham transformado o Estado em garantidor da reprodução da força de trabalho.

A consequência desse processo foi não apenas o aumento do trabalho não remunerado das mulheres para compensar a perda de serviços sociais, mas também a "financeirização da reprodução", que consiste em estipular que elas devem agora ingressar no mercado de trabalho e recorrer a créditos bancários para conseguir o que antes era provido pelo Estado. Esse fenômeno, que converteu cada aspecto de nossa reprodução cotidiana em um meio de acumulação de capital, também levou a um significativo aumento do endividamento das mulheres; trata-se de um fenômeno que hoje é global, promovido pelos programas de microfinanças das agências financeiras internacionais com o objetivo de, em tese, acabar com a pobreza das mulheres mundo afora — para a qual, na verdade, contribuíram.

Neste artigo, examino essas questões e suas consequências para a vida e o trabalho das mulheres, argumentando que a nova situação econômica exige que repensemos a estratégia do "direito ao trabalho" abraçada pelas feministas mainstream ao buscar a autonomia econômica. Diante da ausência de serviços que assegurem a reprodução das famílias e das comunidades, nossa demanda por autonomia se converteu em um motor para a produção de uma classe baixa feminina que, se antes dependia dos homens, agora passou a depender dos bancos e vivencia a mercantilização de cada aspecto da vida.

DO *WELFARE* AO *DEBTFARE*

O endividamento com os bancos é um fenômeno relativamente novo para as mulheres, pois sua situação histórica, no que se refere ao dinheiro e à propriedade, sempre foi muito frágil e precária, a ponto de as instituições financeiras conceberem-nas como inaptas ao crédito. Tradicionalmente, as mulheres contraíam dívidas com membros da família, vizinhos e comerciantes locais, que guardavam uma caderneta na qual anotavam as compras diárias das pessoas.

Contudo, nem os homens da classe trabalhadora, e muito menos as mulheres, podiam se endividar com os bancos, já que careciam de garantias para oferecer em troca de crédito. Só nos anos 1990, com o crescimento do trabalho assalariado feminino, as mulheres da classe trabalhadora puderam se habilitar para o crédito e se converter em devedoras — um duvidoso privilégio, uma vez que anulou a promessa de segurança econômica atrelada ao emprego assalariado. Como ocorrera com o dinheiro que, segundo a caça às bruxas do século XVI, as "feiticeiras" supostamente embolsavam do diabo depois de fazer o famigerado pacto e que, segundo os demonólogos, logo se convertia em cinzas, o dinheiro que as mulheres conseguiram por meio do trabalho assalariado se transformou rapidamente em dívida, e o salário funcionou, no melhor dos casos, como uma maneira de assegurar um empréstimo bancário, um cartão de crédito ou um valor extra necessário para arcar com as contas de cada mês.

Como documentaram muitas pesquisas, os salários eram geralmente tão baixos e precários que se mostraram insuficientes para satisfazer as necessidades das mulheres. A diferenciação em relação aos salários masculinos é apenas uma parte do problema. O mais importante é que as mulheres foram incorporadas à força de trabalho assalariada no mesmo momento em que o trabalho assalariado entrava em crise e passava por uma mudança histórica, com a guinada da manufatura rumo aos serviços e com a deslocalização de boa parte da produção industrial. Como consequência, salários e lucros foram reduzidos, e a organização de trabalhadores e a greve atingiram um mínimo histórico sob a constante ameaça de demissões, a ponto de os sindicatos brigarem apenas para não perder as conquistas obtidas.

O desmantelamento do Estado de bem-estar, principal bandeira da neoliberalização da economia política mundial — que, em 1996, praticamente extinguiu o Aid to Families with Dependent Children [Auxílio para famílias com crianças dependentes] e minou o financiamento dos serviços públicos que mais afetavam o trabalho e a renda das mulheres (creches, serviços de cuidado de idosos e doentes crônicos, serviços de saúde e educação) —, corroeu ainda mais os benefícios que o acesso a um salário deveria poder proporcionar.

Como resultado, hoje, muitas mulheres nos Estados Unidos são diretamente afetadas pelos cortes nos orçamentos estatais e são também as que suportam o maior peso da dívida individual. Segundo um relatório lançado pela American Association of University Women (AAUW) em maio de 2017, as mulheres detinham a maior parte das dívidas estudantis, ao passo que representavam 56% do total de estudantes universitários. Elas também compõem a maior porcentagem dos que recorrem a créditos em espécie, uma modalidade perversa que busca claramente "caçar" os "trabalhadores pobres" — por exemplo, a crescente população de trabalhadores, em sua maioria mulheres, que vivem no aperto, de salário em salário, incapazes de pagar suas contas no fim do mês, desesperados por conseguir algum dinheiro a ponto de se verem obrigados a aceitar as exorbitantes taxas de juros (mais de 50%) cobradas por essas companhias de crédito em espécie.

Como mostra a pesquisa de Ami Schmitz (2014), uma razão para que as mulheres recorram a esses tipos de empréstimos extorsivos é a possibilidade de adquiri-los pela internet, sem entrevista presencial nem análise de crédito, dois fatores quase sempre evitados por quem trabalha e cuja vida é precária.

Como sabemos, trata-se também de uma política traiçoeira, que está na raiz da crise das "hipotecas de alto risco" (*subprime*) de 2008, responsáveis por entregar milhões de dólares — outra vez majoritariamente para mulheres — através de empréstimos hipotecários fraudulentos, cujas variáveis de juros empurraram-nas rapidamente à dívida e, em muitos casos, levaram-nas à perda de casas recém-adquiridas.

No entanto, a especulação não foi a causa, mas a consequência das políticas que os Estados e o capital internacional adotaram em resposta à dupla crise do trabalho dos anos 1970: o rechaço das mulheres ao pacto doméstico-matrimonial, com sua carga de trabalho doméstico não remunerado, e o rechaço dos homens à disciplina do trabalho assalariado industrial.

A financeirização, na verdade, é uma estratégia política, uma transição de uma modalidade *indireta* de exploração do trabalho feminino, sob a vigilância do homem-provedor-assalariado, a uma modalidade *direta*, sob o controle do capital através dos bancos. Isso significa que, enquanto no passado as mulheres eram exploradas pelo capital como produtoras de força de trabalho (o produto real do trabalho doméstico), hoje em dia são exploradas, antes de mais nada, através dos trabalhos que devem assumir para se reproduzir, criar os filhos e pagar as dívidas, inclusive quando, na maioria dos casos, o trabalho doméstico não remunerado não desapareceu, mas se reduziu ou foi parcialmente redistribuído entre os membros da família.

Portanto, com a crise do papel do homem provedor e do rechaço das mulheres ao domínio masculino, surgiu um novo sistema econômico, por meio do qual a classe capitalista pode explorar simultaneamente as mulheres como trabalhadoras domésticas, trabalhadoras assalariadas, consumidoras e devedoras.

De acordo com Susan Thistle em *From Marriage to the Market* [Do casamento para o mercado] (2006), não surpreende que as empresas tenham se beneficiado da mudança, já que as mulheres agora colocam sua capacidade a serviço de muita gente em vez de dedicá-las apenas aos pais idosos ou aos filhos. Mas esse benefício só alcançou um grupo limitado de mulheres: as que atuam em laboratórios de pesquisa ou nos níveis mais altos da academia e do mundo empresarial. Para a maioria das mulheres, a guinada do trabalho doméstico para o mercado de trabalho, em posições como enfermeira, faxineira, trabalhadora sexual ou vendedora, foi tudo, menos libertadora.

A maioria delas vive agora em um estado crônico de insegurança econômica, mais preocupadas, no dia a dia, do que os homens quanto ao dinheiro e à sobrevivência. Elas trabalham mais do que antes, também de forma não remunerada, para reduzir o uso e os custos de transporte, para encontrar os estabelecimentos mais baratos e aproveitar ofertas, para prolongar a vida útil das roupas ou comercializar o que possuem. Sem dúvida, a vida se converteu, para muitas mulheres, em um ciclo ininterrupto de trabalho, sem tempo para descansar, se recuperar ou se dedicar a atividades mais criativas.

Os efeitos dessa situação estão claramente expostos nos dados estatísticos sobre a saúde feminina. Nos Estados Unidos, a expectativa de vida das mulheres da classe trabalhadora é de cinco anos a menos em relação à de suas mães; elas sofrem de ansiedade constante com relação ao futuro e são as principais consumidoras de antidepressivos. Houve também um aumento dos suicídios, e a dívida foi igualmente vinculada ao abuso de fast-food e, em parte, à tendência de comer para compensar as tensões da vida diária. E o problema não se limita ao fato de as mulheres perderem o sono por problemas financeiros e verem sua saúde afetada como consequência. Os médicos falam agora de uma "síndrome da doença do dinheiro", produzida pela sensação de não ter controle sobre a própria vida, e afirmam que ela afeta não só a saúde das mães como também a dos filhos, inclusive o aproveitamento escolar (Schmitz, 2004, p. 101).

Isso confirma o argumento de Lisa Adkins (2017), que sustenta que, com a dívida e a financeirização da reprodução, alterou-se a própria experiência do tempo, o qual já não oferece uma promessa de melhora, mas se transforma (como o falso infinito de Hegel) em um presságio de estancamento e repetição infinita.

A dívida e a preocupação cotidiana com o dinheiro também afetam profundamente a relação das mulheres com outros, pois elas desenvolvem uma tendência a calcular as implicações monetárias nas possibilidades de interação cotidiana. Isso foi capitalizado pela "economia colaborativa", que promoveu a ilusão de que todos podemos nos tornar pequenos empresários, convertendo nossos carros em táxis, alugando espaços dentro de nossas casas e fazendo trabalho freelance em uma enorme variedade de serviços que são alvo de alienação pelos setores privilegiados, desde passear com cachorros até outras formas de assistência pessoal. Como em seu oposto — a economia do *trueque* [escambo] —, também neste caso o dinheiro é apenas uma parte do que se ganha. São igualmente importantes as relações sociais construídas através das transações de marketing. Mediante cursos de maquiagem, plataformas como o Airbnb, viagens compartilhadas e outras formas de "consumo colaborativo", as mulheres poderiam expandir suas redes de contato, desenvolver novas habilidades e inventar novas vidas para si mesmas. No entanto, isso é também um exemplo de como a preocupação monetária penetra agora em muitos aspectos da vida das mulheres, desvalorizando inevitavelmente as relações que não podem ser comercializadas. Há, ainda, certa evidência de que tanto a dívida quanto outros tipos de prestação de serviços tornam as mulheres mais vulneráveis à violência física infligida tanto por seus cônjuges quanto por desconhecidos. A preocupação com os problemas monetários exacerba as tensões familiares e leva as mulheres a viverem e trabalharem em áreas onde estão mais vulneráveis à violência machista. As motoristas de Uber, não menos que as vendedoras ambulantes e as trabalhadoras sexuais, estão expostas a atos de agressão sexual. A isso devemos somar a violência institucional cometida através da criminalização das estratégias de sobrevivência a que se veem obrigadas a recorrer as trabalhadoras informais, especialmente na comunidade negra. Em um espaço de duas décadas, houve um aumento de mais de 700% na taxa de encarceramento feminino.

Politicamente, porém, a consequência mais preocupante em todos esses casos é que as devedoras e as trabalhadoras freelancers enfrentam tais perigos de maneira isolada, um fator que limita a possibilidade de resistência coletiva. Essa é uma das razões possíveis para o desenvolvimento, a partir da década de 1980, de uma "economia da dívida", produzida através da extensão do crédito a populações de trabalhadores que, com recursos mínimos, dificilmente poderiam pagá-lo.

Por ser vivida como um problema individual e apresentar as dificuldades inevitavelmente criadas como uma consequência da má gestão pessoal e do fracasso, a dívida é um meio muito efetivo de exploração. Isso, por sua vez, oculta a relação de classe e as inequidades sociais que produzem a dívida. É também um meio efetivo de reestruturar as relações de gênero, através de recursos que reduzem a dependência das mulheres em relação aos homens, mas que as sujeitam a novas formas de subordinação decorrentes de uma dependência igualmente perniciosa em relação aos bancos.

DÍVIDA E VIOLÊNCIA CONTRA AS MULHERES: O CASO DOS MICROCRÉDITOS

O caso do microcrédito é o melhor exemplo de como a dívida é utilizada, hoje, pelas agências financeiras internacionais para colocar as mulheres em uma situação de maior exploração e subordinação e, ao mesmo tempo, acabar com a solidariedade comunitária.

Lançado no fim dos anos 1970 pelo economista Muhammad Yunus, de Bangladesh — e desde então estendido a todas as regiões do planeta com o objetivo de, em tese, aliviar a pobreza feminina no mundo —, o microcrédito se transformou no meio predileto para capturar o trabalho, a energia e a inventividade dos "pobres", sobretudo das mulheres, e levar populações antes capazes de se sustentar à "servidão por contrato" com os bancos.

Testado primeiramente pelo Grameen Bank, em Bangladesh, o microcrédito é agora um programa universal adotado tanto pela Bolívia quanto pelo Egito, passando pelo Mali e pela Nigéria, até chegar ao bairro do Queens, em Nova York, movimentando milhões de dólares e crescendo continuamente, apesar da avalanche de contraindicações a ele associadas. Trata-se de pequenas quantias de dinheiro destinadas, em geral, a grupos de mulheres, porque se reconhece que elas são mais responsáveis do que os homens em suas transações econômicas e mais financeiramente dependentes para a reprodução de suas comunidades. Além disso, os microcréditos são entregues a grupos de mulheres porque cada uma delas se torna responsável por honrar o pagamento; se uma delas deixa de pagar, pode-se esperar que as demais o controlem.

Esse mecanismo se mostrou muito efetivo, já que os microcréditos são destinados a sociedades onde os códigos rurais — ligados a táticas antigas de sobrevivência — fazem do cumprimento do contrato uma questão de honra. O paradoxo, assim, reside no fato de que, embora as beneficiárias sejam as mais pobres do mundo, as taxas de pagamento são as mais altas, alcançando 45% dos empréstimos contraídos.

O autocontrole coletivo é responsável apenas em parte por esse êxito. As estratégias intimidantes também surtem efeito em caso de descumprimento. Em alguns países, fotos das "más pagadoras" são coladas nas portas dos bancos e seus nomes são anunciados no rádio. As visitas a suas casas e os métodos humilhantes são usados para coagir as devedoras a pagar. Em Bangladesh, destroem o teto de seus lares e confiscam suas panelas, símbolos da contribuição da mulher à família. No Mali, dezenas de mulheres foram presas por não poderem pagar a dívida contraída; outras acabaram se prostituindo ou se suicidando. Além disso, as devedoras com frequência recebem visitas com intuito de identificar algum objeto valioso que possa servir de garantia ao crédito. Isso também explica por que as taxas de pagamentos são tão altas, ainda que sejam muito poucos os que saem da pobreza pelo capital adquirido. A maioria, ao contrário, passa das pequenas para as grandes dívidas, em uma sequência que, muitas vezes, termina em suicídio ou fuga para outra cidade.

Prosperar graças a um microcrédito é, de fato, muito difícil, pois o programa está organizado para fracassar, ao menos no que se refere a seu propósito declarado; seu verdadeiro objetivo é criar mais dívida, separar as mulheres da terra e capturá-las em pactos monetários que espoliam seu trabalho para o resto da vida.

A realidade é que a pobreza não é causada pela falta de capital, mas pela distribuição injusta da riqueza. Poucas centenas de dólares não podem mudar a vida das mulheres que vivem com o mínimo necessário para subsistir, muito menos transformá-las em empreendedoras. Os maridos adoecem e precisam de medicamentos, as cabras morrem, os filhos não têm sapatos para ir à escola. Mais cedo ou mais tarde, na maioria dos casos, aquela que faz um empréstimo se dá conta de que não é possível pagar o valor na data de vencimento, e é nesse momento que o microcrédito mostra seu lado desagradável.

"Lembre-se: pagar a dívida é mais importante do que o caixão de seu esposo", dizem os cobradores em Bangladesh. Algumas tomadoras de empréstimo são repreendidas por priorizar a compra de medicamentos para uma criança doente em vez de quitar a dívida. Não surpreende que, conforme não cumprem o prazo de pagamento, as taxas de juros disparam e essas mulheres se veem obrigadas a contrair empréstimos de prestamistas "tradicionais" [agiotas] para pagar o que devem aos bancos, embora um dos objetivos mais propagandeados dos microcréditos seja justamente o de libertar os "pobres" desses notáveis "sanguessugas", que, ao fim e ao cabo, tornam-se mais poderosos do que nunca.

As mulheres endividadas também perdem o apoio de seus grupos quando deixam de pagar as dívidas, e muitas vezes são atacadas fisicamente por fazê-lo. Nesses casos, para elas, o empréstimo torna-se bem depressa uma fonte de medo, ansiedade e vergonha, produzindo, por fim, o isolamento doméstico. Muitas retiram os filhos da escola para que eles as ajudem a devolver o dinheiro emprestado. Também há casos de suicídio. No entanto, mesmo quando a morte não é física, muitas acabam morrendo socialmente. Envergonhadas, algumas deixam seus povoados. Em Bangladesh, as mulheres acusadas publicamente de não honrar suas dívidas são abandonadas pelo marido — aquele que, geralmente, usufrui dos empréstimos e as pressiona para fazê-los.

A miséria produzida pelo microcrédito está se transformando em senso comum e, em alguns casos, em motivo de vergonha. Como notou Ananya Roy (2012), a imagem da "resiliência", originalmente associada pelos meios de comunicação a esse tipo de programa, foi substituída pelos "depoimentos de morte e desespero". À medida que se relatavam cada vez mais histórias de desamparo e "epidemias de suicídios", a nova face do microcrédito passou a ser a do fantasma de uma mulher que, escravizada, narra a forma como o "trabalho das finanças se associou ao trabalho da morte". Mesmo assim, os investimentos no programa estão se expandindo: agora o projeto é alcançar trinta milhões de pessoas só na África. Os bons rendimentos do dinheiro investido são apenas um fator que explica essa ampliação. Igualmente importante é a exploração da energia de uma população de mulheres que, devido ao "ajuste estrutural", se viu obrigada a criar novas formas de subsistência fora ou à margem da economia monetária, as quais o microcrédito busca subordinar ao controle das relações monetárias e dos bancos.

A isso se deve a ênfase dada à captura dos "não bancarizados", à "população excedente" e à promoção da ideologia do empreendedorismo, que oculta a face dos verdadeiros beneficiários desse programa que representa, hoje, uma fonte de maior acumulação para o capital internacional.

Sem dúvida, junto com a maximização da potencialidade da dívida como meio de disciplina e controle, o microcrédito extrai uma imensa quantidade de mais-trabalho produzida fora da relação salarial, ao mesmo tempo que põe à prova novas relações sociais; em ambos os casos, a tarefa de vigiar e punir é internalizada pela comunidade, e o fracasso relacionado ao pagamento é vivido como um problema individual e uma desgraça.

DINHEIRO, SALÁRIOS E LUTA FEMINISTA EM TEMPOS DE FINANCEIRIZAÇÃO: QUEM DEVE A QUEM?

O que depreender, então, do desaparecimento dos esforços que as mulheres fizeram para ter acesso a recursos monetários e se libertar da dependência dos homens?

Devemos concluir que o dinheiro e o salário — e, de modo mais geral, as lutas redistributivas — devem ser abandonados pelas mulheres como terreno de transformação social? O apelo dessa orientação para a ação é grande, sem dúvida, porque o dinheiro foi um mecanismo-chave para a escravidão ao longo da história da sociedade capitalista. No entanto, essa afirmação contrasta com o fato de que, sob condições de crescente despossessão e mercantilização dos meios de reprodução, o dinheiro e o salário continuam a figurar entre as principais condições de nossa reprodução. É possível reconhecer esse fato na continuidade de movimentos tais como a busca, nos últimos anos, por aumentar o salário mínimo nos Estados Unidos e o fenômeno da migração feminina, que, na maior parte dos casos, é motivada pela necessidade de buscar alguma forma de renda e trabalho assalariado.

Então, como nós, feministas, poderíamos nos relacionar com a luta por dinheiro e salário para que este último não se transforme em cinzas e, por assim dizer, em um instrumento de condenação eterna?

Os movimentos feministas contra a dívida são, certamente, uma organização essencial que atua como veículo para a construção de informação popular e de resistência. Um exemplo-chave da importância dos movimentos contra a dívida para a luta das mulheres é a mobilização que vem sendo empreendida, há alguns anos, pelo Comitê para a Abolição das Dívidas Ilegítimas (CADTM), uma organização fundada em Bruxelas, mas com sedes na África e na América Latina. O comitê conectou estudantes, trabalhadoras domésticas e agricultores de distintos continentes, organizando caravanas contra os microcréditos e promovendo iniciativas de auditoria de dívidas para identificar as que poderiam ser consideradas ilegítimas. Em 2015, junto com outros grupos feministas, o CADTM lançou a ação chamada "Voilà la facture!" [Aqui está a conta!] para trazer à tona, por um lado, como os programas de austeridade impostos pelo governo belga têm impactado as mulheres (com a falta de creches e de centros de idosos, por exemplo) e, por outro, para dar visibilidade ao dinheiro economizado pelo Estado com o trabalho doméstico não remunerado, demonstrando, assim, que é o Estado que tem uma dívida com as mulheres. Igualmente importantes são as ações coletivas que buscam desmercantilizar as necessidades básicas da vida, como os movimentos estudantis contra as mensalidades universitárias ou os movimentos que exigem sistemas de saúde universais. Não basta, na verdade, abolir as dívidas existentes se o próprio sistema que as gerou não for desativado. Ainda que seja uma conquista maior, especialmente nos contextos neoliberais de hoje, a educação e a saúde públicas não são suficientes para libertar as mulheres do empobrecimento e da dívida em uma economia em que as condições de emprego não garantem a subsistência.

Diante desse dilema, muitas feministas, a começar pelas economistas, propõem medidas que poderiam combinar a redução da semana de trabalho com vários esquemas que visam aumentar a responsabilidade do Estado pela reprodução social. Isso inclui um sistema progressivo de impostos, que seriam usados para subsidiar serviços cruciais para todos ou, ao menos, para aqueles que, de outra forma, não poderiam ter acesso a eles. Uma proposta popular na Europa—também em alguns círculos feministas—é a de uma renda básica garantida, uma *renta básica*, como a chamam na Espanha, igualmente sustentada pela cobrança de um imposto aos ricos e complementada com serviços prestados pelo Estado.

No entanto, ainda que possam ser importantes, esses programas não vão longe o bastante, pois não encaram o principal problema com o qual as mulheres se defrontam: a falta de reconhecimento e remuneração pelas atividades reprodutivas, a maioria desenvolvida nos lares, em tese para manter a família, mas que, no fundo, ajudam a fornecer à classe capitalista a força de trabalho requerida pela economia, incluindo as novas gerações de trabalhadores.

Há pelo menos duas razões pelas quais estão fadadas ao fracasso as soluções que buscam estabelecer a autonomia econômica das mulheres sem questionar o papel das atividades reprodutivas na acumulação de capital. A primeira, e mais óbvia, é que, diante da ausência de reconhecimento e remuneração desse tipo de trabalho, qualquer forma de renda obtida vai se dar em troca de mais trabalho. Além do mais, há uma diferença política maior entre um movimento de mulheres que pede o "direito de trabalhar" e outro que exige compensação pelo trabalho *já realizado*, abrangendo em seu clamor também outras gerações de mulheres. No primeiro, as mulheres se aproximam da classe capitalista na condição de trabalhadoras que se endividam com o sistema para manter a própria sobrevivência; no segundo, com ele se relacionam na condição de credoras, exigindo a devolução da riqueza que produziram.

Uma estratégia centrada em visibilizar o trabalho não pago pode ativar um processo de reapropriação capaz de adquirir uma forma monetária, mas também pode—dependendo das circunstâncias e níveis de mobilização — exigir que mais recursos sejam postos a serviço de nossa reprodução cotidiana, tais como moradia gratuita, espaços comunitários, entre outros. Tal estratégia não anula a perspectiva que propusemos nos anos 1970 com a Wages for Housework Campaign [Campanha por salários para o trabalho doméstico], mas a atualiza de diferentes maneiras e a torna menos vulnerável às manipulações especulativas do sistema financeiro.

REFERÊNCIAS

AMERICAN ASSOCIATION OF UNIVERSITY WOMEN (AAUW). *Deeper in Debt: Women and Student Loans*. Washington: AAUW, 2017.

ADKINS, Lisa. "Speculative Futures in the Time of Debt", *The Sociological Review*, v. 65, n. 3, p. 448-62, 2017.

COMITÉ POUR L'ABOLITION DE DETTES ILLÉGITIMES (CADTM). "Face au capitalisme et au patriarcat: quelles luttes et stratégies des femmes?", 3 jan. 2017.

CONS, Jason & PAPROCKI, Kasia. "Contested Credit Landscapes: Microcredit, Self-Help and Self-Determination in Rural Bangladesh", *Third World Quarterly*, v. 31, n. 4, p. 637-54, 2010.

CONSUMER FEDERATION OF AMERICA (CFA). "New Survey Finds Insufficient Savings for Emergencies Major Cause of Financial Worry among Younger Women", 27 abr. 2005.

FEDERICI, Silvia. *Revolución en punto cero: trabajo doméstico, reproducción y luchas feministas*. Trad. Scriptorium. Madri: Traficantes de Sueños, 2013. [Ed. bras.: *O ponto zero da revolução: trabalho doméstico, reprodução e luta feminista*. Trad. Coletivo Sycorax. São Paulo: Elefante, 2019.]

FEDERICI, Silvia. "From Commoning to Debt: Financialization, Microcredit and the Changing Architecture of Capitalist Accumulation", *South Atlantic Quarterly*, v. 113, n. 2, p. 231-44, 2014. [Ed. bras.: "Da comunalidade à dívida: a financeirização, o microcrédito e a arquitetura em mutação da acumulação capitalista". *In*: *Reencantando o mundo: feminismo e a política dos comuns*. Trad. Coletivo Sycorax. São Paulo: Elefante, 2022.]

FEDERICI, Silvia. *Salario para el trabajo doméstico: Comité de Nueva York, 1972-1977 — Historia, teoría y documentos*. Trad. Aránzazu Catalán Altuna. Buenos Aires: Tinta Limón, 2019.

MARTÍN, Fátima. "Femmes africaines unies contre le microcrédit, l'exploitation des plus pauvres", *Les Autres Voix de la Planète* (AVP), 19 jun. 2016.

MUJERES CREANDO; TORO, Graciela & OFICINA CONTRA LA USURA BANCARIA. *La pobreza, un gran negocio: un análisis critico sobre oenegés microfinancieras y banca.* Madri: Traficantes de Sueños, 2010.

OROZCO, Amaia Pérez. *Subversión feminista de la economía: aportes para un debate sobre el conflicto capital-vida.* Madri: Traficantes de Sueños, 2014.

READING, Richard & REYNOLDS, Shirley. "Debt, Social Disadvantage and Maternal Depression", *Social Science & Medicine*, v. 53, n. 4, p. 441-53, 2001.

REDE LATINO AMERICANA TRASFORMANDO LA ECONOMÍA (REMTE). *Las mujeres contra el libre comercio: una historia de resistencia y lucha.* São Paulo: Remte/SOF, 2015.

ROBERTS, Adrienne. "Household Debt and the Financialization of Social Reproduction: Theorizing the UK Housing and Hunger Crises". *In*: SOEDERBERG, Susanne (org.). *Risking Capitalism.* Bingley: Emerald, 2016, p. 135-64.

ROY, Ananya. "Subjects of Risk: Technologies of Gender in the Making of Millenial Modernity", *Public Culture*, v. 24, n. 1, p. 131-55, 2012.

SCHMITZ, Amy. "Females on the Fringe: Considering Gender in Payday Lending Policy", *Chicago-Kent Law Review*, v. 89, n. 1, p. 65-112, 2014.

SOEDERBERG, Susan. *Debtfares States and the Poverty Industry: Money, Discipline and the Surplus Population.* Londres/Nova York: Routledge, 2014.

SOLINGER, Rickie; JOHNSON, Paula C.; RAIMON, Martha L.; REYNOLDS, Tina & TAPIA, Ruby. *Interrupted Life: Experiences of Incarcerated Women in the United States.* Berkeley: University of California Press, 2010.

STRIKE DEBT & OCCUPY WALL STREET. *The Debt Resisters Operations Manual.* Oakland/Nova York: PM Press/Common Notions, 2014.

THISTLE, Susan. *From Marriage to the Market: The Transformation of Women's Lives and Work.* Berkeley: The University of California Press, 2006.

VANDEN DAELEN, Christine. "Les Femmes d'Europe face à l'austérité et à la dette publique", *Les Autres Voix de la Planète* (AVP), 2 fev. 2017.

VERDIER, Magali & PENA, Marcela de la. "Une Alternative Féministe", *Les Autres Voix de la Planète* (AVP), 28 abr. 2017.

2
NÓS CONTRA A DÍVIDA

Shariana Ferrer-Núñez
Zoán T. Dávila Roldán

Ni una menos
Ni una menos
No vamos aguantar
Nosotras, las mujeres
Contra la austeridad
— Colectiva Feminista en Construcción

RAÇA, COLONIALISMO E DÍVIDA

É impossível falar de dívida pública como um aparato de governança/controle sobre os povos sem antes contextualizar as condições de colonialismo que vão se reformulando na história da conquista do "Novo Mundo". O colonialismo enquanto projeto político utiliza a raça como dispositivo produtor de desigualdade, marcando os corpos/povos aptos para a captura, a exploração, o estupro, o trabalho forçado, o extrativismo, o empobrecimento e a morte; isto é, os corpos/povos aptos para serem desumanizados. O projeto político-econômico da colonização impôs (i) uma visão de mundo hegemônica, (ii) a tomada de recursos e (iii) o sequestro de vidas em função desse modo de produção. É a colonização que permite, mediante a espoliação e a exploração de recursos naturais, a apropriação dos meios de produção, a ocupação de territórios, o sequestro das pessoas negras e a submissão destas ao trabalho forçado para a transformação da matéria-prima em produtos que sustentarão a vida daqueles que as capturaram. A raça é um aparato que consolida as relações de poder entre o humano e o não humano e, como o patriarcado, é ao mesmo tempo uma forma de dominação dos corpos negros, racializados e outros.

Nesse sentido, a raça *sempre* opera em três tempos e de maneira simultânea: no passado, no presente e sequestrando o futuro. Salvo algumas exceções, como Porto Rico e outras colônias clássicas, a raça se instala como significante na narrativa do *passado* durante o período de colonização do Caribe e das Américas. Por sua vez, também opera no *presente*, no Estado racial da modernidade, como modelo civilizatório e violência contra negros que reproduz as lógicas da consolidação do Estado moderno. A raça enquanto tecnologia de opressão também se insere no tempo inexistente ou, antes, na promessa do tempo que virá, já que a raça se reformula através da retórica do endividamento, sequestrando o futuro ou sua possibilidade.

A dívida reforça o conceito de raça porque age a partir da experiência de territórios saqueados pela colonização, pela expansão do modelo capitalista através da globalização e pelo domínio do capital financeiro. Isto é, a dívida é o mecanismo pelo qual se garante a resiliência do sistema colonial. Ela marca os corpos/povos, desterrando-os, empobrecendo-os e roubando deles a possibilidade de futuro.

A dívida sempre operou como um mecanismo de captura que se implementa como modelo econômico desde o colonialismo. Nos processos revolucionários deflagrados no Caribe para romper com esse modelo econômico de captura, a dívida continuou atuando como aparato mesmo com o fim da escravidão. O exemplo mais claro dessa reformulação colonial é o da Revolução Haitiana (1804). Quando as pessoas negras escravizadas tomam o controle do território e expulsam os colonos, o governo francês opta por exigir dos haitianos o pagamento de uma dívida pela perda econômica ocasionada pela guerra. A natureza imperialista do projeto colonizador conseguiu que a França impusesse sanções sobre o recém-configurado governo haitiano, exercendo, juntamente com outros países, pressão para que não se reconhecesse o novo governo caso este não pagasse a dívida. A nenhum país era permitido estabelecer relações diplomáticas, políticas ou comerciais com o Haiti, sob a ameaça de que outras colônias se rebelariam contra os colonizadores. Era preciso fazer do Haiti um caso exemplar, era necessário reformular o modelo escravista-colonizador e torná-lo um modelo de dívida público-política.

Podemos seguir o rastro dessa análise até nossa longa tradição oral, em que essa noção se faz presente em ditos populares que aludem, às vezes de maneira irônica, aos processos de racialização, desterro e endividamento. Em Porto Rico, diz-se que "aquele que herda não furta", mas sabemos que o sujeito que pode herdar é aquele que possui propriedade, é um sujeito de direito, um sujeito político, um sujeito que sempre é branco e quase sempre é homem cis; por outro lado, quem "furta" é quem não tem a possibilidade de herdar, quem foi impossibilitado de gerar riquezas ou ficar com o produto de seu trabalho, quem não tem propriedade porque historicamente foi construído como propriedade de outro, e esse sujeito, que carece de direito, de humanidade, é racializado e sempre feminizado. Esse sujeito-corpo é endividado para sustentar a permanência de um sistema que opera com a ideia de raça em três tempos: no passado colonial, no presente do Estado racial e no futuro sequestrado. É a materialização da afirmação "quem deve é porque não tem", a que complementamos: "não temos porque nos devem".

DESTERRADAS E ENDIVIDADAS: A PERSPECTIVA FEMINISTA NEGRA

As companheiras do Combahee River Collective (CRC), mulheres negras feministas de tradição radical negra e marxista, explicam em seu manifesto, redigido em 1977, que os sistemas de opressão estão entrelaçados e se nutrem da existência um do outro. Ou seja, o capitalismo se sustenta pela existência de uma supremacia branca e colonial e, ao mesmo tempo, ambos se entrelaçam com o heteropatriarcado. O manifesto do CRC enxerga as experiências de mulheres negras como um instrumento para desmantelar os sistemas de opressão, ou, melhor dizendo, *o* sistema e seus múltiplos eixos. Além disso, as autoras propuseram que a libertação das mulheres negras suporia a libertação de todas as pessoas, posto que tal libertação implica o desmantelamento de todos os sistemas de opressão. Portanto, esse processo revolucionário requer a erradicação das políticas racistas, sexistas e classistas do sistema. Nesse sentido, a mulher negra é o caso exemplar em que a sujeita política é desterrada, racializada, empobrecida, violentada, precarizada e endividada por um sistema entrelaçado ao capitalismo, à supremacia branca e ao heteropatriarcado. A desumanização da mulher negra, por sua vez, cria as condições subjetivas e materiais para constituir a identidade subjetiva/coletiva necessária para desarmar a matriz da opressão.

Se partirmos do reconhecimento de que o sujeito-corpo endividado é atravessado pelas políticas de racialização que o despojam de sua humanidade, também devemos reconhecer que esse sujeito-corpo é feminizado. Isto é, a identidade das endividadas é construída enquanto sujeitas receptoras das políticas de empobrecimento. E esse é um princípio quase universal, pois a feminização da pobreza está presente em todas as sociedades patriarcais-capitalistas. É a maneira pela qual o projeto colonial-capitalista pôde se sustentar: apropriando-se do trabalho de outros, primeiramente com a acumulação de capital gerada pelo sistema escravagista e pela divisão sexual do trabalho. As endividadas, nesse sentido, sempre habitam corporalidades racializadas, feminizadas e precarizadas.

Na Colectiva Feminista en Construcción, argumentamos que, mesmo reconhecendo a imbricação dos sistemas de opressão, tais como raça, classe e gênero, situar a sujeita revolucionária como coletiva é algo capaz de articular certa assimetria do poder com o objetivo de transformá-lo. É nessa dinâmica, nesse processo de construção de poder popular e coletivo através da aproximação daquelas vulneráveis, precarizadas, desterradas e endividadas, que se encontra uma condição para outro futuro, uma fuga coletiva das lógicas de captura exercidas pela dívida-colônia-capital-raça-gênero.

NÓS CONTRA A DÍVIDA

Se é através das experiências das sujeitas-corpos racializadas, empobrecidas e endividadas que se gera uma identidade política coletiva, para nós é imprescindível que nos situemos a partir da territorialidade corpo-espaço-tempo. Porto Rico, como território colonizado, foi durante séculos subordinado às políticas de subtração e exploração. Apesar de estar tão presente em nosso cotidiano, esse capítulo de nossa história foi totalmente invisibilizado. Parte importante do trabalho político da Colectiva voltada para a questão da dívida começa com a aposta em descolonizar o conhecimento que reproduzimos a respeito de nossa condição política, os profundos efeitos da colonização como projeto econômico e as formas pelas quais o Estado racial atuou no país.

Com vistas a contextualizar o que acontece hoje em Porto Rico, é preciso antes pontuar alguns dados importantes. Em primeiro lugar, Porto Rico foi colônia espanhola ao longo de quatro séculos. Sob o domínio espanhol, estabeleceu-se um "primeiro modelo colonial" que transformou Porto Rico em um território explorado e escravizou seus habitantes para a extração de ouro e outros recursos e para a plantação de cana-de-açúcar e algodão, com o propósito de transferir todas essas riquezas às arcas da metrópole. Quando Porto Rico passou às mãos dos Estados Unidos — como butim de guerra, após o fim da Guerra Hispano-Americana —, a exploração continuou. O país se viu sob o controle militar de um novo império, sem autonomia para decidir nem mesmo o próprio destino econômico. Embora a riqueza desse território já houvesse sido minada, restavam ainda recursos a explorar: localização estratégica no Caribe, mão de obra barata, amplos terrenos para testar o Agente Laranja e outros agrotóxicos, e a possibilidade de testar pílulas contraceptivas entre as mulheres nativas, fazendo do país um centro de experimentação para essas substâncias. Posteriormente, em 1952, sob a farsa do Estado Livre Associado, concederam-lhe alguns poderes, como o de escolher seu próprio governo e sua própria Constituição, mas sem controle algum sobre os aspectos financeiros, o comércio e as relações exteriores. Porto Rico se converteu em uma colônia que exporta milhões de dólares por ano, mas cujo governo deve fazer empréstimos e se endividar para pagar salários e realizar obras. De uma colônia onde se pratica o extrativismo, Porto Rico se converteu em uma colônia permanentemente endividada—uma colônia espoliada, mediante políticas de controle econômico, daquilo que possui e produz; uma colônia presa em uma armadilha.

A situação colonial de Porto Rico rege nossa vida, das atividades individuais cotidianas até as políticas nacionais e internacionais. Portanto, se tivéssemos de narrar a partir de que ponto se deteriorou a situação de nossa nação, seria impossível especificar um momento em particular. No entanto, durante a primeira década do século XXI, pudemos observar um recrudescimento das políticas públicas pautadas pela austeridade e por um discurso único, centrado em uma só palavra e repetido à exaustão: a DÍVIDA. Estimulada durante décadas por governos coloniais travestidos de pós-coloniais, foi a desculpa perfeita não só para impor essas medidas, mas também para nos tornar mais dependentes. Uma dívida *ilegal*, contraída sob a influência indevida dos mercados internacionais, em um processo de coerção e ameaça de colapso dos serviços públicos e programas sociais; *ilegítima*, pois serve aos interesses privados dos credores, em oposição direta ao interesse público, contrariando leis nacionais e políticas públicas que protegem nossos direitos humanos; e *insustentável*, uma vez que seu pagamento acarreta alto custo social e protege os interesses do capital financeiro em seu afã de lucro e acumulação de riquezas.

Utilizando a justificativa da dívida, os governos das últimas décadas venderam corporações públicas, privatizaram rodovias, "alugaram" o aeroporto nacional, aumentaram o custo da matrícula da universidade do Estado, fecharam centenas de escolas, destruíram terras agrícolas — em um país onde 80% dos alimentos são importados — e outorgaram incentivos milionários às corporações transnacionais. Além disso, centenas de milhares de trabalhadores governamentais foram despedidos, praias foram privatizadas e houve corte nas pensões dos funcionários públicos. Na mesma linha, o Congresso dos Estados Unidos promoveu, em 2016, a Puerto Rico Oversight, Management, and Economic Stability Act (Promesa), lei que criou um conselho de controle fiscal que possui mais poder do que o governo eleito e cujo único fim é servir de garantia para o pagamento aos detentores de títulos que criaram a impagável e ilegítima dívida pública. A dívida pública é insustentável e representa 94% da economia porto-riquenha. O valor do pagamento do serviço da dívida equivale quase totalmente aos impostos sobre a renda de indivíduos e corporações.

A essas medidas políticas e econômicas, é necessário somar a violência machista e o racismo sistemático que se expressam não apenas no alto número de mulheres negras chefas de família que vivem abaixo da linha da pobreza, mas também pela contaminação de nossas terras e recursos naturais que se encontram próximos das comunidades racializadas e pobres. São exemplos disso o depósito de cinzas de carvão em Peñuelas e a contaminação de corpos d'água, como o Canal Martín Peña, cuja dragagem é uma bandeira de luta da comunidade. Também podemos mencionar as lutas pela limpeza dos contaminantes que a Marinha de Guerra dos Estados Unidos deixou espalhados pelas ilhas-município de Vieques e Culebra, onde as mulheres sofreram as piores consequências, com altas taxas de câncer e problemas reprodutivos, entre outros. Os efeitos da necropolítica que impera em nosso país podem ser rastreados pelas vivências e experiências das racializadas e precarizadas, que recebem seu pior golpe. Elucidar essa perspectiva implica abandonar a armadilha neoliberal de prestar atenção a indivíduos e reconhecer que as políticas são pensadas intencionalmente segundo raça, classe e gênero. É o próprio sistema que gera essas condições de marginalidade, constituindo os sujeitos subalternos.

O trabalho que realizamos na Colectiva Feminista en Construcción parte do legado do feminismo negro e decolonial, em que a sujeita revolucionária surge como identidade a partir das experiências daquelas que, como nós, resistem às políticas de morte de um sistema antinegro, misógino e capitalista que nos trata como descartáveis. Quando nós, na Colectiva, nos posicionamos com a palavra de ordem "Nós contra a dívida" e a afirmamos, não só situamos nossa ação política a partir do gênero, mas também nos enxergamos como sujeitas negras e situadas em um contexto colonial. Para nós, a dívida não é apenas a extensão da colônia, como foi o caso de todos os países latino-americanos e caribenhos depois de sua independência (que, paradoxalmente, na condição de nações independentes, ainda continuam pagando por sua liberdade); é, igualmente, uma espécie de mutação terrível de nosso Estado colonial, que nos obriga a pagar uma dívida quando nem sequer temos independência política. Esse é um grande paradoxo, pois se trata de uma dívida que continua se acumulando sem que nos sejam outorgadas ao menos as garantias políticas que nos permitam sair dela. Da mesma forma, quando dizemos nas ruas que nossas vidas vêm antes da dívida, propomos uma análise econômica distinta, com base na perspectiva feminista social, econômica e ecológica; buscamos priorizar as condições de vida das pessoas e sua sustentação. A qualidade da vida cotidiana deve ser o eixo fundamental e, portanto, é preciso buscar o bem-estar humano, e não o benefício de grandes empresas financeiras.

SUBVERTENDO AS LÓGICAS COLONIAIS: *PERFORMAR* O PODER PARA CONSTRUÍ-LO

A Colectiva, como organização, adentrou a arena política em 2014. Algumas de nós já vínhamos de outras organizações políticas, mas havíamos participado principalmente da greve estudantil de 2010-2011 da Universidade de Porto Rico. A greve surgiu como resposta à aprovação da Ley Especial Declarando Estado de Emergencia Fiscal y Estableciendo Plan Integral de Estabilización Fiscal para Salvar el Crédito de Puerto Rico, mais conhecida como "Lei 7", aprovada em 9 de março de 2009. Essa lei declarou estado de emergência fiscal no país e, por meio dela e de outras medidas de suposta "estabilização" fiscal, a intenção, entre outras coisas, era retirar as isenções acadêmicas de estudantes na única universidade pública do país e impor um aumento na matrícula através da aprovação de uma taxa de oitocentos dólares. Já em 2015, através da nefasta Lei 7, trinta mil funcionários públicos haviam sido despedidos, teve início um programa de demissões "voluntárias" e de redução de jornadas, os convênios existentes foram paralisados, reduziram-se os fundos destinados a organizações sem fins lucrativos que atendem comunidades ou populações com necessidades específicas (mulheres, crianças, pessoas com deficiência, pessoas sem moradia) e realizaram-se cortes no gasto público com serviços sociais importantes nas áreas de saúde, segurança e bem-estar social, bem como nas contribuições a programas de pensão, terapias para crianças que precisam de educação especial, transporte público, entre outros.

Também aumentaram as contribuições obrigatórias, entre elas o Impuesto de Venta y Uso, aplicável a produtos e serviços, de 7% a 11,5% de seu valor; o imposto à propriedade duplicou. As mulheres foram as mais impactadas por essas medidas de austeridade. A redução no contingente do funcionalismo público também refletiu uma disparidade de gênero: 30% das demissões foram de empregados homens contra 70% de mulheres.

Em 2015, já se começava a falar publicamente que o Congresso dos Estados Unidos agiria diante da dura crise econômica, com vistas a garantir o pagamento da dívida aos detentores de títulos. Passaram a ser organizadas diversas iniciativas com a finalidade de mobilizar setores populares no país para resistir ao que já vinha sendo comentado à boca pequena: que medidas de austeridade muito mais drásticas seriam implementadas. Nesses momentos, tornava-se cada vez mais presente o discurso da crise como método de governança. Isto é, evocava-se a "crise" como algo abstrato, mas a responsabilidade de resolvê-la recaía sobre o povo; portanto, nós, no país, deveríamos engolir essas medidas de austeridade como um "remédio amargo", mas necessário.

Nossa organização começou a fazer um trabalho de base e a construir coalizões com outras organizações, em 2015, a partir da palavra de ordem "Não devemos, não pagaremos". A Colectiva decidiu acolher esse lema do Jubileo Sur, reafirmando que o país havia sido endividado não para garantir serviços para nós, que vivemos em Porto Rico, mas para que uns poucos lucrassem à custa do povo. No entanto, no verão de 2016, o Congresso dos Estados Unidos aprovou a mencionada Lei Promesa, que continha um pacote de medidas de reestruturação econômica e a imposição do Conselho de Controle Fiscal. A Colectiva esteve presente em mobilizações e protestos convocados por amplos setores do país.

Para nós, porém, era importante manter a especificidade de gênero/raça na discussão sobre a dívida. Com esse intuito, organizamos uma ação performativa para a chamada "sexta-feira negra" (Black Friday), quando se realizavam vendas em horários excepcionais, com supostos descontos, como parte de uma estratégia comercial para aumentar as vendas no período de festas de Natal. Nossa performance reconceitualizou a "sexta-feira negra" e construiu uma "Black Feminist Friday", fazendo alusão ao feminismo que praticamos, o feminismo negro. A performance teve dois propósitos principais: aproximar-nos umas das outras e dar início a uma discussão sobre o tema da dívida pública com setores populares, pois esse debate permanecia restrito a espaços políticos institucionais ou a setores elitizados da esquerda. Ou seja, as conversas a respeito da dívida não eram acessíveis e permaneciam repletas de tecnicismos e jargões acadêmicos. O governo utilizou o tema da dívida como um espaço desarticulador, em que a complexidade e a linguagem economicista e rebuscada produzem o distanciamento daqueles que podem compreender e debater a linha discursiva dessas políticas. Nesse sentido, optamos por buscar uma linguagem comum, apontando os efeitos da dívida e sua relação com a precarização de nossas condições de vida. Buscávamos falar com as pessoas comuns, que se viam mais afetadas pelos cortes.

Então, na madrugada da "sexta-feira negra", fomos às filas dos centros comerciais, onde pessoas pobres, negras e trabalhadoras do país esperavam para fazer algumas compras. Por meio de uma pedagogia popular, ocupamos aquele espaço e interrompemos a lógica de consumo ao chamar a atenção das pessoas e indicar uma venda maior e mais escandalosa: a venda do país. Para tanto, criamos folhetos com cupons de desconto, mostrando as agências do governo e os serviços públicos que estavam passando por cortes e privatizações. Ao invés de anunciar ofertas especiais, os folhetos continham informações sobre como a imposição do Conselho de Controle Fiscal e a eleição de um "governador misógino neoliberal" pioravam as precárias condições de vida das mulheres e agravavam a violência de gênero. Os folhetos chamavam a atenção para o fato de que a violência de gênero e a precarização estão arraigadas em sistemas que operam simultaneamente, que são interdependentes e que se entrelaçam para aterrissar com todo o seu peso sobre os corpos das racializadas.

Encerramos o ano de 2016 com referências de um movimento feminista latino-americano indo às ruas contra as múltiplas formas de violência, incluindo a econômica, e, por outro lado, com convocatórias de movimentos feministas nos Estados Unidos se organizando para lutar contra as direitas e as políticas neoliberais. Isso nos assegurava de que éramos acompanhadas por essa *potência feminista* transnacional solidária, que emerge a partir de baixo. Decidimos responder a esse chamado com ira coletiva organizada. Iniciamos esse ano com uma reivindicação dos direitos sexuais e reprodutivos através do Fogueo Feminista [Festim feminista]. A receptividade dessa atividade nos mostrou que podíamos criar condições de mobilização e que havia uma necessidade imensa de ocupar as ruas.

Em 8 de março de 2017, organizamos a primeira Greve de Mulheres em Porto Rico — mesmo sem o apoio dos sindicatos e das organizações de esquerda, dos quais nos aproximamos para que se unissem às mobilizações, mas que questionaram a possibilidade de paralisar nossos centros de trabalho ou o país. Nessa manhã, o país acordou com a notícia de que uma centena de mulheres havia feito um piquete na principal avenida da capital, San Juan. Ali, nós, mulheres, em toda a nossa diversidade, colocamos nossos corpos nas ruas, perante a polícia, com uma mensagem clara e contundente: não aceitaríamos nem mais uma medida de austeridade e exigíamos o cancelamento da dívida ilegal. Confrontamos o discurso do Estado, de que os cidadãos deveriam cooperar para pagar uma dívida de procedência desconhecida, e afirmamos que a dívida histórica era conosco, com as mulheres. Além disso, reafirmamos que os responsáveis pelo endividamento e aqueles que se beneficiaram da penhora do futuro de todo um povo era quem deveria pagar. Exigimos que a prioridade no uso de fundos públicos fosse direcionada para cobrir serviços essenciais de saúde, educação, segurança, moradia, empregos dignos, pagamento das pensões, serviços para a população imigrante e para prevenção da violência de gênero, e rechaçamos qualquer corte nesses serviços para o pagamento de uma dívida ilegítima e colonial. Esse modelo de protesto se replicou por todo o país. De maneiras muito criativas e diversas, mulheres em várias municipalidades cruzaram os braços. Essa paralisação se manifestou em centros de trabalho, lares, escolas e universidades; realizaram-se ações que tinham a austeridade como eixo de discussão. A greve nos mostrou não somente que tínhamos a força — e os meios — para parar o país, mas também que, através do confronto direto com o capital financeiro, com o Estado e com suas políticas, estávamos construindo um poder popular e coletivo irrefreável, uma tomada de consciência sem volta.

Nosso trabalho político gerou ações de desobediência civil que se valiam da linguagem do Estado e do capital financeiro. Essa desobediência às lógicas coloniais se dá por meio de uma apropriação de imagens, conceitos e enunciados que deslocam a legitimidade política da instituição para as sujeitas oprimidas. Diante do discurso do governo que afirma que o povo é responsável por pagar a dívida pública, nossa palavra de ordem nos posiciona a partir do pronome em primeira pessoa, no plural, e no tempo presente. Nós nos posicionamos a partir de um *nós*, como sujeitas políticas, precárias e empobrecidas; posicionamo-nos de maneira a confrontar aquilo que nos violenta. Nomear-se segundo esse registro não é um mero exercício simbólico, uma vez que a própria reprodução democratiza o poder. Assumir-se a partir deste "nós contra a dívida" implica *ser* parte de uma identidade coletiva perante um sistema que opta pela individualidade ao mesmo tempo que desumaniza os indivíduos. Assim, apostamos em criar um imaginário em que as pessoas têm a possibilidade de *ser*, mas isso só se alcança quando se *é parte de outros* e contra os que ameaçam essa possibilidade coletiva.

"Nós contra a dívida" foi uma jornada de experimentação constante, um processo criativo no qual ensaiamos subverter o poder e utilizar os instrumentos do poder contra ele próprio. Um exemplo desse ensaio foi o Embargo Feminista. Em 8 de março de 2019, diante novamente da convocatória para a Greve das Mulheres, a Colectiva lançou um chamado para embargar os bancos, responsáveis por dezenas de milhares de despejos de famílias e que, além disso, haviam participado ativamente do esquema de endividamento governamental. Nossa convocatória consistiu em anunciar publicamente que embargaríamos o que o banco havia extorquido de nós. Preparamos pasquins com avisos de despejo dos principais bancos porto-riquenhos, listando neles o número de famílias que o banco havia deixado na rua. Convocamos mulheres e outras pessoas para boicotar o banco que as havia despejado e deixado sem moradia. A ação, embora performativa, nutriu-se da indignação coletiva, da vulnerabilidade compartilhada e da possibilidade de fazer o impensável: embargar a instituição que detém a legitimidade. Diante da mera ameaça de se verem embargados por mulheres, quatro bancos optaram por paralisar suas atividades e fechar sucursais. Ou seja, nossa performance do "poder" criou possibilidades de um poder popular e coletivo, construiu esse poder. Centenas de mulheres, diante dos bancos, tomavam consciência de seu próprio poder viabilizado pela ação coletiva, junto com outras. Pelos corredores do maior centro comercial do país, retumbava a palavra de ordem das feministas: "*embargo, embargo, embargo feminista, en contra de la banca y también de los bonistas*" [embargo, embargo, embargo feminista, contra os bancos e também contra os obrigacionistas]. Durante algumas horas, o impossível tornou-se possível: (re)tomar o que retiraram de nós, o que nos devem.

CONSTRUAMOS OUTRA VIDA: DESENDIVIDAR

Afinal, essa discussão se trata do poder: aquele que se constrói, aquele que se arrebata — o poder em disputa. Essa guerra entre a vida e a morte nos posiciona em um dos dois lados: eles ou nós. Eles, embriagados de poder, portadores do direito, do padrão do humano, homens brancos. Nós, as negras e racializadas, as desterradas, as endividadas, as ninguém. Eles têm os números em dólares e títulos financeiros; nós temos os números em termos de gente e força. Eles têm as estruturas jurídicas e financeiras; nós temos as estruturas comunitárias e as redes de apoio. Eles, na história, se denominam conquistadores; nós conservamos a memória ancestral e nos recusamos a esquecer. Eles negam a humanidade; nós nos enxergamos como animais coletivos. Eles criaram um sistema colonial, heteropatriarcal, racista e capitalista; nós seguimos em fuga rumo a outros mundos.

Não há pontes a construir, apenas pontes a incendiar. Eles são a dívida, aquela que nos devem há séculos; são a armadilha e o sequestro de possibilidades. Nós somos fugas, processos, tumultos. Escolhemos mudar nosso ponto de partida, renunciamos à vida por eles sentenciada e decidimos construir outra. E é rumo a ela que partimos, pois a libertação não é uma finalidade nem um destino; a libertação ensaia um poder coletivo. Nós burlamos o sistema, performamos entre suas fissuras. Nós sabemos que estamos acompanhadas, temos umas às outras em corpos presentes e impossíveis de serem capturados, reconhecemos esse poder. Nós contra a dívida, construindo outra vida.

3

A CASA NÃO PODE SER UM LUGAR DE VIOLÊNCIA MACHISTA NEM DE ESPECULAÇÃO IMOBILIÁRIA

Ni Una Menos
Inquilinos Agrupados

Na crise econômica e social provocada pela pandemia, a crise habitacional ocupa o primeiro plano. Hoje, em um ritmo acelerado, acumulam-se aluguéis atrasados porque as pessoas ficaram desprovidas de renda. Em muitos casos, isso funciona como pretexto para não renovar contratos, para ameaçar, para transformar os inquilinos em objeto de abusos ou, pura e simplesmente, para despejá-los de forma violenta. Tudo se complica quando o aluguel é informal e carece de contrato e recibo de pagamento. E a situação é ainda mais dramática quando se trata de mulheres com filhos, lésbicas, travestis e trans, contexto em que o problema se traduz em expressões diretas de violência de gênero. Mesmo quando há um decreto que proíbe os despejos, eles continuam ocorrendo diariamente, evidenciando a voracidade do mercado imobiliário, formal e informal.

Para muitos, manter sua casa (que pode ser um apartamento, um quarto de hotel ou uma laje em uma comunidade) significa se endividar por quantias insustentáveis, sem saber como pagá-las no futuro. Hoje, a maioria dos inquilinos está endividada e acumula débitos por serviços, e essa situação gera extrema vulnerabilidade em um contexto crítico que exige que fiquemos em casa.

Como temos dito no meio feminista, a dívida é violência e uma bomba-relógio. Para muitos, a dívida é a antessala do despejo e, ao mesmo tempo, a maneira de prorrogá-lo, postergá-lo. Mas endividar os inquilinos é também um mecanismo para que proprietários, imobiliárias e financeiras iniciem processos de execução de garantias e confisco de salários.

Para muitos, ficar sem lugar para morar significa, pura e simplesmente, morar na rua ou voltar para lares violentos dos quais haviam conseguido escapar. Para muitos, implica sobrecarregar familiares e produzir situações de maior apinhamento doméstico e precariedade. Para todos, implica se submeter à violência proprietária que, em plena situação de emergência sanitária, converte os donos (proprietários e imobiliárias) em especuladores do desespero e da angústia.

Basta de especulação e de violência proprietária na crise. A dívida é a violência e o mecanismo privilegiado do despejo. A moradia deve ser um direito, não um negócio.

Queremos seguir vivas, livres e desendividadas!

A dívida é conosco!

4

DÍVIDA, MORADIA E VIOLÊNCIA PROPRIETÁRIA

Luci Cavallero

Verónica Gago

Há análises feministas fundamentais para relacionar dívida, violência e propriedade em tempos de pandemia. Gostaríamos de destacar três. Primeiramente, estamos assistindo a um novo impulso do que chamamos de violência proprietária, e justamente no momento em que a propriedade aparece como a fronteira que demarca cada conflito na pandemia — embora isso nem sempre esteja tão nítido. Segundo, essa violência se concentra nos *territórios da reprodução social* (alimentos, moradia, terra, educação e saúde, espaços considerados imprescindíveis pelos feminismos) e está a serviço do *trabalho futuro*, que o endividamento doméstico busca controlar. E, terceiro, nessa crise, a divisão entre proprietários e não proprietários se aprofunda, dando lugar a *lógicas familiaristas*, as quais vinham sendo fortemente questionadas em favor da construção de espacialidades feministas. Vejamos uma por uma.

A DÍVIDA NO CENTRO

A crise econômica decorrente da pandemia possui várias facetas. Uma delas, de grande importância, é a crise habitacional. De uma hora para a outra, muitos trabalhadores viram sua renda ser reduzida de forma drástica, ao passo que o pagamento de aluguéis e de serviços básicos começou a acumular atrasos, dando origem a novas dívidas.

As violências econômicas que se expressam no acesso à moradia e sua relação com as violências de gênero se ampliaram com a pandemia, pondo em evidência o espaço doméstico entendido como "a casa". A violência proprietária é uma reação às demandas de emergência promovidas a partir de baixo (emergência alimentar e habitacional) e expressa um poder que se vê ameaçado no que considera seu "direito natural" de posse. Mas essa violência também recrudesce no mercado imobiliário informal, quando as casas são quartos de hotel, quartos alugados em uma comunidade ou casas compartilhadas em assentamentos.

Além disso, essas dívidas pretendem confiscar rendas futuras, como salários prometidos para o fim da pandemia e subsídios, ou, mais diretamente, quando obrigam as pessoas a contrair novas dívidas em circuitos familiares ou informais. Sabemos que, para muitos, a dívida é a antessala do despejo e, ao mesmo tempo, a forma de prorrogá-lo, postergá-lo.

Novamente, cruzam-se no espaço da casa alguns dilemas-chave: sua desromantização como refúgio, como deixou claro o feminismo, e, ao mesmo tempo, o fato de que o aluguel de alguns poucos metros quadrados custam hoje quase um salário inteiro (ou tudo o que é necessário fazer para "juntar" um valor equivalente), devido a uma desregulação imobiliária que busca garantir níveis excessivos de rentabilidade.

SOCIALIZAÇÃO DOS MEIOS DE REPRODUÇÃO

A batalha pela propriedade se dá através da exigência concreta de usos comuns e públicos dos bens e serviços que tornam possível (ou não) a reprodução da vida pessoal e coletiva. Tomada a reprodução como esfera estratégica sobre a qual se erigem a espoliação neoliberal e o endividamento doméstico, a socialização dos meios e recursos reprodutivos emergiu, em nível global, como um dos elementos comuns.

Na maioria dos países, a financeirização dos direitos sociais (o que significa acessá-los através da dívida e em benefício de bancos e corporações) foi a segunda fase depois da privatização das infraestruturas públicas e do sufocamento das economias autogeridas. Assim, a grande pergunta — quem pagará pela crise? — envolve agora a discussão direta sobre a propriedade. Aponta-se hoje nesta direção: não está sendo discutido, neste momento, de quem são os serviços públicos, a quem pertence a produção de alimentos e medicamentos, de quem são as moradias, que ameaças ao acesso à educação estão em marcha, de quem são as fortunas, que dívidas estão sendo criadas e que reformas tributárias a crise exige. Ademais, não temos discutido a ordem sexual imposta pela propriedade privada aos corpos e territórios. Como dizíamos, isso não é abstrato: aterrissa sobre os terrenos estratégicos da reprodução social (moradia, alimentos, medicamentos, educação), em um vínculo concreto com os modos de trabalho que os sustentam e os papéis de gênero que exigem.

Hoje, nas residências — essas mesmas casas abarrotadas de trabalho doméstico, esgotamento psicológico e trabalho remoto — estão sendo produzidas novas dívidas: vão se criando verdadeiros aglomerados de dívidas, que vão se refinanciando entre si, combinando diversas taxas de juros, formas de ameaça por inadimplência e variados cronogramas de vencimento. Se algumas análises sociológicas falam dos trabalhadores atuais como "coletores de rendas" que já não podem garantir a própria reprodução através de um salário único e estável, podemos falar de uma "coletora de dívidas" que se agudiza como figura da crise. As novas dívidas que invadem o terreno da reprodução social encarnam uma disputa pela propriedade do tempo futuro, para impedir qualquer tipo de transição rumo a outra coisa.

Urge, assim, vincular a demanda por renda, subsídio e salários, pela qual lutam hoje vários movimentos sociais, à provisão de serviços públicos gratuitos (da internet à água, da eletricidade à saúde) e políticas de desendividamento para que essas fontes de renda não sejam enfim absorvidas pelas corporações de sempre: bancos, supermercados, empresas de telecomunicação e plataformas digitais. Discutir a dívida, doméstica e externa (inclusive a divisão espacial que supostamente existe entre elas), é discutir a forma violenta pela qual se impõe, sobre nosso trabalho no longo prazo, a titularidade da propriedade e, portanto, do tempo futuro. Ou seja, trata-se de rechaçar a "obrigação" que a dívida impõe ao futuro, sob a forma de trabalho gratuito, barato e precário, e também a responsabilização individual, custosa e privada pela reprodução cotidiana no presente.

RENDA E FAMÍLIA: POR UMA ESPACIALIDADE FEMINISTA

A crise atual intensifica a divisão entre proprietários e não proprietários em uma perspectiva familiarista. Por quê? Porque, quando a restrição de renda não permite pagar o aluguel, a moradia herdada ou conjugal é reforçada como único modo de assegurar a casa, excluindo realidades como a da população LGBTQI+, geralmente deserdada e com outras formas de convivência que se dão além da modalidade heterossexual. Assim, quando os subsídios e salários não são suficientes, a propriedade familiar se transforma na moradia disponível, confirmando, dessa forma, que esse direito se torna praticamente impossível de ser exercido fora da jurisdição da família. Nesse sentido, a casa volta a ser o lugar a partir do qual se "reordena" o que se vinha questionando — além de ser o espaço no qual, historicamente, foram fixados papéis de gênero associados às tarefas de reprodução, com suas longas jornadas de trabalho invisibilizado. Questionar o que chamamos de "casa" é também problematizar a responsabilização, no âmbito privado, pela crise.

O movimento feminista, através da mobilização de rua e da organização política nos territórios domésticos, questionou tanto a romantização do lar quanto a familiarização de seus entornos. De modos diversos e transversais, colocou em discussão o acesso à moradia, desvinculando-o da soberania da família heterossexual. Ao mesmo tempo que se denunciava a casa familiar como um espaço inseguro para mulheres, lésbicas, afeminados, travestis e trans (hoje incrementado pela obrigação de convivência com os agressores), construiu-se outra experiência de ocupação do espaço, especialmente outros usos da rua e da cidade.

Todo regime de propriedade traz consigo uma ordem sexual e de divisão do trabalho, algo que também detectamos no modo como são demarcados os arredores, os movimentos e as fixações no espaço. A propriedade hoje está no centro do debate porque mapeia e sinaliza a batalha pelos limites que o capital tenta restabelecer, reiteradamente, em suas formas mais brutais. O reagrupamento familiarista da propriedade de que falamos implica, também, assegurar o trabalho doméstico gratuito dos não proprietários.

Nesse sentido, voltamos à importância do confronto com as rendas imobiliárias, financeiras e do agronegócio, ao mesmo tempo que construímos outros "interiores", inventando formas de refúgio, cuidado e acompanhamento que formulem, aqui e agora, a pergunta sobre como queremos viver.

5

CALLEJO RESISTE: VIZINHAS-IRMÃS EM LUTA PARA NÃO SEREM DESPEJADAS NA PANDEMIA

Lotta Meri Pirita Tenhunen

No número 13 da Rua Callejo, no bairro madrilenho de San Diego, tremula um cartaz que diz: "A Sareb é nossa". No terraço onde está pendurado, algumas mantas e colchas aguardam para serem recolhidas. Pertencem àqueles que, na noite anterior, dormiram sob as estrelas do verão para resistir conosco, comigo e com as minhas vizinhas. Nestes dias, nossos nomes caminham juntos: Susana, Angélica, Lotta e Victoria. Nossos nomes juntos, e juntas nós mesmas, convulsionadas, agitadas, com o coração apertado, todas por uma, pelo coração partido de Victoria, para que reparem o mal que causaram e para que ela possa voltar para casa, para que consertem a merda de mundo onde nos coube lutar, para que vença a vida, a vida contra o capital, até a vitória, juntas. Juntas, juntas, juntas. Eu caminho, fixo bem os cordões que sustentam o cartaz, cumprimento os vizinhos que ontem gritaram com o punho erguido do alto de seus terraços. Caminho e me lembro das palavras de incentivo das vizinhas da frente durante a noite. Recolho, junto com as mantas, minhas lembranças das últimas 48 horas; preciso matutar minha experiência. Para aprender até com a dor, para me acalmar e seguir em frente sem medo. E para agradecer, porque, na manhã de 22 de julho do revolto ano de 2020, amanhecer em casa não é pouco.

O piquete StopDesahucios [Parem os despejos], que ontem enfrentou a chegada da comissão judicial acompanhada da Polícia Nacional, cuja intenção era despejar o edifício inteiro, salvou nossa casa. Organizamos tudo com a PAH Vallekas,[2] tal como havíamos feito durante os seis anos de luta que carregamos sobre nossos ombros. Mas também sabemos que o êxito se deve a todo um tecido social e a uma trama de afinidades políticas, a uma rede ampla cujos limites desconhecemos e cuja capacidade de se acionar em pleno verão e em meio à pandemia global da covid-19 acabamos de pôr à prova. O resultado? Sabemos que não estamos sozinhas. Uma centena de pessoas nos emprestaram seus corpos, sua perseverança e sua determinação nas ruas, e outras tantas nas redes e no trabalho, prévio e posterior, de preparação e cuidados. Com máscaras, encharcando-nos de álcool em gel, mas sem a distância de segurança (porque a polícia fica na sua cola, irmã). Conquistamos dias contados — como quase sempre ocorre quando se ganha um adiamento a partir das mobilizações de rua —, até 4 de setembro. O tempo conquistado é determinante para alcançar o nosso objetivo: um contrato de aluguel social de baixa mensalidade que, no mínimo, cumpra com a Ley de Arrendamientos Urbanos [Lei de aluguéis urbanos], que rege o mercado de aluguel espanhol (e que é descumprida com frequência).

A experiência nos diz que obtê-lo não será fácil, considerando o histórico das práticas infames do proprietário do imóvel, a Sociedad de Gestión de Activos Procedentes de la Reestructuración Ban-

---

2 A PAH Vallekas é a representação local da Plataforma de Afectados por la Hipoteca, com sede no distrito madrilenho de Puente de Vallecas. Para quem tiver curiosidade, a página da PAH Vallekas e a da organização estatal da PAH são, respectivamente: http://pah-vallekas.org e http://afectadosporlahipoteca.com.

caria (Sareb).[3] A Sareb representa o que, desde os anos 1980, vem sendo denominado *banco mau*: uma estrutura através da qual se pode promover o saneamento financeiro no contexto de uma crise bancária. O banco mau espanhol tem ou teve semelhantes na Alemanha (FMS Wertmanagement), nos Estados Unidos (Mellon Bank ou City Holding), na Eslovênia (Bamc), na Finlândia (OHY Arsenal e Sponda), na França (Dexia), na Irlanda (Nama), na Letônia (Parex e, depois, Reverta), no México e em Portugal (BES), entre outros.[4] Quase sem exceção, essas entidades acabam suscitando um investimento elevadíssimo de fundos públicos em uma atividade que não devolve à sociedade nem mesmo uma pequena parcela da riqueza acumulada. É o caso da Sareb, desde o início. A entidade espanhola, opaca no que se refere a qualquer tipo de controle democrático, foi criada pelo governo do premiê Mariano Rajoy em 2012 para agrupar os ativos imobiliários (edifícios inteiros, casas, espaços para negócios, garagens, escritórios e solo urbano) dos bancos que estavam quebrando (os nacionalizados BFA-Bankia, Catalunya Banc, NCG Banco-Banco Gallego, Banco de Valencia, e os reestruturados Banco Mare Nostrum, Ceiss, Caja3 e Liberbank). A Sareb

3 Quando falo de aluguel social, não me refiro a nenhuma categoria estabelecida, jurídica ou de outro tipo, mas a um dos objetivos políticos concretos da PAH: um contrato que regularize a permanência da pessoa/família em sua casa (que pode ser proveniente de uma hipoteca sem pagamento ou recuperada das mãos de um banco, de uma imobiliária ou de um fundo acionário pela via da ação direta). No movimento, há consenso a respeito dos valores mínimos de um aluguel social: o critério mais comum é o de que sua mensalidade deve ser fixada entre 15% e 25% da renda de uma unidade familiar, se esta não superar o salário mínimo interprofissional, e que não deve jamais superar 30% deste, nível que a ONU já estabelece como abusivo. Por tudo isso, o aluguel social é um conceito nascido nas lutas e que volta a ser definido a cada instante, de acordo com a relação de forças. Aponta para a construção de um espaço público de moradia — criado com os ativos imobiliários dos bancos resgatados com dinheiro público — que a PAH vem exigindo e propondo há anos através de sucessivas iniciativas legislativas populares, que estão bloqueadas.

4 Na entrada correspondente aos "bancos maus", na *Wikipédia*, é possível ler mais a respeito desse conceito e de sua história. [Disponível em: https://es.wikipedia.org/wiki/Banco_malo.]

encarna o resgate bancário espanhol que desencadeou uma série de cortes em saúde, educação, serviços sociais e outros setores por meio dos quais o Estado investe na vida. Se nos perguntarmos como se realizou o endividamento da sociedade sem que fôssemos consultados se queríamos contrair essa dívida, encontraremos nossa resposta na Sareb.

A princípio, o plano de funcionamento da Sareb foi de quinze anos. Em seus primeiros anos de existência, tinha a função de conter uma situação estendida de escassez artificial de moradia, durante a qual surgiu uma enorme quantidade de ocupações não planificadas dos imóveis por pessoas e famílias em situações extremas, além da campanha pela Obra Social de la PAH, organizada pela plataforma depois de o governo ter negado a tramitação de uma iniciativa legislativa popular que habilitasse o uso daquelas casas e daqueles apartamentos como moradia pública acessível. Entre 2015 e 2019, aproximadamente, a Sareb efetuou uma venda agressiva de grandes carteiras de terrenos para compradores globais gigantescos, como a Blackstone. Na primavera de 2020, durante o estado de alerta nacional decretado pela pandemia de covid-19, o governo progressista ampliou indefinidamente o período de funcionamento da Sareb. Isso significa que a Sareb, hoje tecnicamente quebrada, logo voltará a recorrer ao eterno aval do Estado, fazendo-nos pagar novamente a conta que os setores imobiliário, bancário e financeiro passam para a sociedade.

Em seu livro sobre a Sareb,[5] Manuel Gabarre a define como a mão invisível por trás do atual aumento do aluguel no Estado espanhol. Um dos grandes compradores das carteiras da Sareb, a já mencionada Blackstone, é um exemplo perfeito dessa ideia: por meio de suas compras gigantescas de ativos agrupados na Sareb, esse fundo de investimento, liderado por dois ex-diretores do Lehman Brothers,

---

5 Ver Manuel Gabarre de Sus, "Sareb: anatomía de un desfalco", *Contexto y Acción (CTXT)*, 19 nov. 2019, e o mencionado livro *Tocar fondo: la mano invisible detrás de la subida del alquiler* (Traficantes de Sueños, 2019).

acabaria em pouco tempo controlando o mercado espanhol de aluguéis através de seus investimentos focados especificamente em bens imobiliários de alto risco (do ponto de vista do interesse do investidor, que não podia garantir para si rendimentos em um contexto de crise social) e na possibilidade de altos retornos (do ponto de vista da óbvia e tangível necessidade de acesso à moradia de uma parte da sociedade que continuava sendo despejada de suas casas por falta de pagamento de hipoteca ou aluguel). Pois agora, uma década depois da explosão da crise que espoliou o esforço vital das famílias hipotecadas com milhares de armadilhas contratuais, em uma conjuntura política que impunha a hipoteca como única solução, as rendas daqueles que, sem descanso, trabalham e zelam por seus lares são novamente achatadas pelos aluguéis. E que aluguéis! Aluguéis exorbitantes, com preços que chegam ao dobro, ao triplo, em comparação com os preços de alguns anos atrás. Aluguéis impossíveis de serem pagos em bairros como San Diego, com uma década de estancamento de salários, ao que se soma um aumento do desemprego e da densidade da população graças aos despejos que obrigaram famílias inteiras e numerosas a dividir pequenos apartamentos com outras.[6]

A Sareb tem ciência de tudo isso. É no que investe e é o que vende a outros investidores: trata-se de uma necessidade básica. Nos últimos anos, a Sareb, consciente de sua imagem midiática, se empenhou em pôr em prática ações caridosas em pequena escala, cedendo alguns edifícios ou apartamentos avulsos em municípios sem grande importância imobiliária. Enquanto isso, a resposta às exigências da PAH, de cessões substantivas de imóveis que permitam criar espaços de moradia pública em grandes urbes, deu em

6 Desnecessário dizer que, para ressaltar o afã da Blackstone de exercer todo tipo de terror financeiro, seu outro foco de investimento na Espanha foram os apartamentos denominados "de proteção oficial": isto é, aquela moradia pública quase nula que havia no país e cuja venda foi usada pelo Partido Popular para gerar fundos para si mesmo. O plano é fazer das regras do mercado uma lei absoluta.

nada (Madri)[7] ou em quase nada (Barcelona).[8] Porém, a atitude da Sareb diante da recuperação organizada de seus imóveis para uso social, em blocos como aqueles em que moramos minhas vizinhas e eu, foi de extrema hostilidade. Embora tenham sido assinados numerosos contratos de aluguel social como resultado de ocupações familiares de apartamentos avulsos (também através da intermediação da PAH), as negociações e o aluguel social em blocos inteiros que tinham sido recuperados foram sistematicamente rechaçados pela Sareb, pelo menos em Madri. Pode-se dizer, portanto, que, como muitos bancos, a Sareb cedeu perante o conceito de "aluguel social", mas há tempos busca dar-lhe outra definição, baseada muito mais em critérios natalícios (já que se nega a assinar contratos com pessoas sem filhos), com uma forte tendência a priorizar famílias que atuam de maneira aparentemente isolada (não organizadas em nenhum grupo que se vincule ao movimento nem capazes de articular politicamente o conflito sobre moradia) ou que possam ser isoladas (através de realojamentos em distritos periféricos da cidade, longe de suas redes de contato local).

Por tudo isso, é fácil afirmar que o fato de lutarmos juntas incomoda a Sareb. Incomoda que quem exija a regularização em uma casa ocupada não se apresente como mero objeto de caridade, útil para a limpeza da imagem pública da empresa. Incomoda que o sujeito que os interpela tenha se fortalecido, que tenha ganhado voz junto

7 Em 2016, o governo municipal de Manuela Carmena, em Madri, anunciou a cessão de trezentos apartamentos da Sareb para uso social, para logo depois declarar que não se tratava, na verdade, de uma cessão, já que o município pagaria um aluguel pelos apartamentos, e que o número de apartamentos que podiam realmente ser usados para acolher alguns dos mais de 25 mil solicitantes de moradia pública não passava de 150, já que a outra metade se encontrava ocupada por famílias que não puderam esperar a loteria da prefeita.

8 No final de 2015, Barcelona anunciou a cessão de trezentos apartamentos em um momento em que havia trinta mil solicitantes de moradia pública. No entanto, nesse caso, a trajetória política da prefeita Ada Colau se vê refletida no fato de a cessão ter sido estruturada contratualmente, sem o pagamento de recursos públicos à Sareb, e ter prosseguido em campanhas subsequentes que buscam modificar a legislação municipal para aumentar o número de apartamentos cedidos.

com outros e que fale de direitos. É o que fazemos na PAH, e por isso vimos a ativação de todo um tecido social em defesa de nossas casas e do direito à moradia, o qual reiteradamente nos usurpam. Nisso, a nova normalidade em nada se diferencia da velha, essa normalidade que sempre foi o problema: com vistas a fazer a propriedade imobiliária produzir rendimentos, é válido servir-se até mesmo da pandemia de covid-19. Nos meses anteriores ao nosso encontro inescapável e não desejado, a Sareb fez campanha, que pode ser vista em seu perfil no Twitter, com afirmações como: "Neste verão, fique em casa" e "Unidos conteremos este vírus". Para eles, não importa que tenhamos cedido documentos pessoais a uma empresa encarregada de avaliar se éramos suficientemente pobres para que merecêssemos um aluguel social ou se, pelo contrário, éramos pobres, mas podíamos pagá-lo. Já não lhes importava esse tão repetido "interesse comum" de toda a sociedade, que há bem pouco estava em todas as bocas, para mostrar aos ricos que, se os pobres adoecem, também eles serão afetados ao requererem serviço doméstico de seus iguais; ao requererem o serviço de garçons nos terraços tórridos, com difusores de água em aerossol, que tanto aliviam o calor quanto expõem ao contágio; ao aproveitarem os passeios por lojas de shoppings centers cujas trabalhadoras são provenientes de nosso bairro (sim, o mais afetado pelo vírus). Eles já esqueceram. Não se perguntam, à maneira como nós nos perguntamos: a quem é permitido se proteger? Será que são conscientes a ponto de não lhes importar? Não sei, apenas me pergunto. Lembro-me de que, em sua "Campanha covid-19", a Sareb assegurava: "Priorizamos um verão seguro e tranquilo", e oferecia conselhos para a busca de uma casa de férias com piscina, para estar a salvo do vírus das grandes aglomerações turísticas. Não mencionaram as aglomerações geradas para evitar um despejo, obviamente.

Nós, vizinhas de Callejo, também tínhamos começado a fazer campanha. Tecemos a nossa como uma capa ao redor de Victoria: a campanha devia, antes de tudo, protegê-la; ela, que havia saído de um hospital, numa tarde de quinta-feira, após a quinta operação cardíaca em decorrência de uma válvula avariada e acordado na manhã de sexta-feira com a notificação da ordem de despejo. Três dias com o peito aberto, em coma induzido, e depois a mandaram para casa; duas semanas de margem para nos mobilizarmos. Victoria não durou quase nem uma semana em casa, e foi novamente hospitalizada devido a uma infecção pós-operatória grave, que acabou por levá-la à sala de cirurgia pela sexta vez. Sabíamos que contrair coronavírus, em seu estado, era praticamente o mesmo que uma sentença de morte. Então, quando ela estava em casa, nós a protegíamos como podíamos; e, quando voltou ao hospital, respirávamos aliviadas por ela não ter de vivenciar o dia do despejo em sua cama. Mas ela precisava ter uma casa para onde retornar quando estivesse recuperada.

As semanas anteriores nos transformaram em vizinhas-irmãs, capazes de apoiar umas às outras no dia do despejo. Muitas das coisas que tivemos de considerar durante nossa preparação, algumas delas responsáveis por nos manter em vigília, eram as mesmas que havíamos compartilhado e discutido entre as mulheres da PAH Vallekas, no contexto da greve feminista do dia 8 de março. Nos últimos anos, essa proposta política, essa ideia que as companheiras argentinas lançaram em 2016, havia inflamado o movimento feminista autônomo no mundo todo. Foi uma proposta viva e plural. Foi puro fogo — e, como esperado, alastrou-se em nível global, fundindo-se nos conflitos locais onde quer que fosse. Os coletivos que convocaram as primeiras greves enxergavam nos feminicídios a expressão máxima do poder machista e patriarcal sobre a vida das mulheres, mas não perderam de vista que, além de matar, esse poder se manifestava de inúmeras outras maneiras. Um dos mecanismos analisados com perspicácia foi o endividamento, através do qual (como na PAH tivemos diversas oportunidades de comprová-lo) se pôde submeter a vida de famílias e até comunidades inteiras. De repente, não foi difícil ver nossa luta no contexto das muitas lutas que assumem a perspectiva feminista. Queríamos uma vida digna, em uma casa digna; não valia de nada termos uma casa se nela não pudéssemos tomar as rédeas de nossa vida.

A greve foi uma ferramenta de luta das trabalhadoras e dos trabalhadores, mas, entre os anos de 2016 e 2019, tornou-se capaz de mobilizar todas aquelas pessoas que vissem sua força vital explorada, espoliada, extraída e posta a serviço dos objetivos de acumulação do capital e de poder para uns poucos. A greve, agora convertida em paralisação internacional feminista, representou, para o movimento pela moradia digna, uma oportunidade de dirigir o olhar para dentro e sentir novamente aquele desejo de mudar tudo, que havia sido descaracterizado por uma longa década de assessorias coletivas semanais para pensar em manobras lentas e por uma batalha legislativa que continuava esbarrando no obstáculo parlamentar. Com esse desejo, vieram à tona, mais uma vez, as perguntas sobre coisas que havíamos aceitado — opondo-lhes mais ou menos resistência — como pouco relevantes ou, de alguma forma, não prioritárias para a luta, mista em termos de gênero, por moradia digna. Perguntas como: por que as estatísticas mostraram que os problemas de habitação afetavam majoritariamente as mulheres? Por que éramos nós, as mulheres — mesmo aquelas que tinham um namorado ou marido —, que nos encarregávamos de tudo: de trabalhar, de cuidar e, além do mais, de lutar para não perder a casa? Como era possível que não se reconhecesse como violência de gênero o abandono econômico daquelas que também tinham recorrido à hipoteca? Quem nos pagaria tudo o que sustentamos com o nosso trabalho? O lema que ressoava todas essas perguntas foi captado no Chile pouco depois: "Devem-nos uma vida".

"A greve não é uma data no calendário, mas um horizonte organizacional que nos permite desenvolver um processo político", diz Verónica Gago,[9] e assim também o entendemos na PAH Vallekas.

9 Para mais informações sobre a greve como um processo organizacional, ver Verónica Gago, *A potência feminista, ou o desejo de transformar tudo* (Elefante, 2020).

A partir de 2016, nas oficinas e encontros que antecedem o mês de março — que se transformou no início da primavera —, fazíamos a nós mesmas essas e outras perguntas dentro de uma espécie de subgrupo que não tinha nenhuma fundação nem pautas claras de funcionamento. Nós nos autoconvocávamos quando precisávamos umas das outras, cientes de que nos mantínhamos próximas, sentindo que algo se movia dentro de nós e entre nós.[10] O processo intermitente pelo qual atravessamos, e no qual em muitos sentidos permanecemos, nos trouxe aquilo com o que havíamos sonhado sem saber: novas alianças que já não se produziam em torno da moradia como eixo único, partindo da clássica divisão setorial das lutas, mas que respondiam a uma necessidade de integrar um tecido muito mais orgânico, capaz de assemelhar-se à complexidade de nossas vidas. Isso permitiu renovar o pensamento coletivo, revisar algumas práticas organizacionais e, em colaboração com o restante da PAH Vallekas e outros coletivos que habitaram o centro social em que nos reuníamos, dar lugar a novas formas de luta que só agora começam a ser vistas em meio à crise trazida pela pandemia.

Alianças novas se firmaram ao nosso redor também quando chegaram as datas de despejo. Talvez a mais emocionante tenha sido a construída com os profissionais da saúde pública que atendiam Victoria: nos alertaram desde o início que nossa luta pela

10 Gostaria de destacar alguns eventos bastante relevantes. Em dezembro de 2016, houve o encontro "¿Qué puede un centro social?", organizado na sede da PAH Vallekas, no centro social La Villana de Vallecas, com sindicatos de base de trabalhadoras domésticas e de limpeza, e do qual participaram muitas companheiras da PAH Vallekas que também trabalham no setor. Em fevereiro de 2018, duas companheiras organizaram uma oficina de feminismos para principiantes, cujo tema focou situações de violência machista e o Teatro do Oprimido. Ressalto também os três eventos do encontro vallecano de transfeminismos populares antirracistas: "Huelga de todas/es", em novembro e dezembro de 2018, e, em fevereiro de 2019, o encontro transnacional "Una huelga de mucho cuidado", reunindo companheiras argentinas do Ni Una Menos e as mulheres da PAH Vallekas e do Territorio Domestico, um sindicato de base de trabalhadoras domésticas.

casa dela também era deles. Não só escreveram relatórios sobre a saúde de nossa vizinha, dos quais necessitávamos para apelar ao tribunal e à Sareb, como também começaram a mencionar o nosso movimento pelos corredores de seus centros de saúde e do edifício em que vivíamos, o qual corríamos o risco de perder. Tudo coincidiu com o fato de os MIR, médicos e médicas internas, residentes, estarem em greve indefinida pelos direitos trabalhistas que lhes estavam sendo negados depois de terem se dedicado a cuidar, junto com outros funcionários de hospitais, de pessoas doentes em decorrência do coronavírus durante os piores meses da pandemia. Já estavam conscientes do quanto nossas lutas se conectam: na atenção primária, isto é, entre aqueles que levam com orgulho a rubrica da "saúde comunitária", pergunta-se diariamente quantos estão doentes, porque as pessoas vivem mal, em lugares pouco dignos, amontoadas entre gente conhecida ou não, com frequência sem água corrente ou alguma forma de aquecer a casa no inverno (para não falar em refrescá-la durante as temperaturas cada vez mais altas do verão), além da tensão e do mal-estar que se acumulam no corpo quando se estendem os anos de convivência não desejada, resistindo à violência machista, por obrigação econômica. Bastava somar a tudo isso uma pandemia, e seria impossível não ver como se tornou impraticável proteger-se sem ter um espaço que se pudesse chamar de *lar* quando fomos colocados em quarentena. E assim, quando chegou o dia do despejo, os MIR nos enviaram uma mensagem clara: sem moradia, não há saúde.

Assim como não se tem direito a uma moradia ou não se tem direitos trabalhistas, tampouco se tem direito à saúde sendo pobre. Tem-se certo direito à sobrevivência, mas só quem sabe se comunicar bem poderá encontrar os guichês que entregam os papéis corretos que permitem vencer todos os obstáculos apresentados pelo Estado neste circo em que nós, os pobres, permanecemos em contínua observação, reeducação e subjetivação caridosa. O que produz em nós a organização popular, esta da qual nós, as vizinhas de Callejo 13, participamos há seis anos, é outra coisa. Sei disso quando olho para Triana, a filha mais velha de Susana, brincando na assembleia depois de impedirmos o despejo. Eu o percebo em seu sorriso, em sua alegria, em sua infância de criança não despejada que permaneceu na casa onde nasceu e cresceu, porque sua mãe já possui não só uma moradia, mas toda uma vida digna, como eu, como todas nós, e porque a dignidade está em termos nos procurado e nos encontrado, em termos aceitado acompanhar-nos nos bons e nos maus momentos, à margem das finanças, onde a vida cresce selvagem e forte.

6

DEVEDORES DO MUNDO: UNI-VOS! A UBIQUIDADE DA DÍVIDA É UMA CONDENAÇÃO, MAS TAMBÉM PODE SER UMA OPORTUNIDADE

Hannah Appel

O pensamento moral sobre o endividamento flutuou ao longo da história, como detalha com precisão Olivia Schwob em um artigo recente da *Boston Review*. A autora assinala que o momento atual poderia ser um novo ponto de inflexão. Milhões de devedoras e devedores, enquanto indivíduos, são propriedade dos bancos. Porém, como parte de um coletivo que deve 14,1 trilhões de dólares, são donas e donos dos bancos.

O ex-candidato democrata à presidência dos Estados Unidos Bernie Sanders propôs abolir todas as dívidas estudantis não pagas e mais de oitenta bilhões de dólares em dívida por gastos médicos para utilização em serviços, de fato, públicos de educação superior e saúde. Os planos da também ex-candidata democrata Elizabeth Warren são mais limitados, mas ela construiu sua trajetória política — desde que era professora de direito especializada em falências até liderar o Consumer Financial Protection Bureau [Departamento de proteção financeira ao consumidor] — mirando o endividamento doméstico.

Contudo, mesmo nos aspectos mais nefastos desse tipo de dívida, como é o caso do sistema penal — que, em média, gera uma dívida de 13.607 dólares por prisão, sem contar o pagamento de fianças —, há sinais de transformação. Na Califórnia, vários condados cancelaram a arrecadação de determinadas taxas associadas ao sistema penal e, no ano passado, foi apresentado ao Senado estadual um projeto de lei chamado Families Over Fees Act [Famílias acima das taxas], que "acabará com a prática injusta de equilibrar os orçamentos governamentais à custa das pessoas racializadas e das comunidades de baixa renda".

Essa proliferação de planos para cancelar débitos marca definitivamente um momento de drástica transformação no pensamento moral sobre a dívida. Mas como chegamos até aqui? O que faz oscilar o pensamento sobre a dívida? E, agora que vivemos este momento, o que podemos fazer? Para além da legislação progressista, inclusive sobre a abolição das dívidas, é possível aproveitar esse endividamento desigual e massivo que caracteriza a etapa atual do capitalismo racista nos Estados Unidos para construir poder? Em caso afirmativo, como nos valemos desse poder para criar sistemas financeiros alternativos voltados para as relações de que precisamos?

A resposta à primeira pergunta é que foram os movimentos sociais que nos trouxeram até aqui. Por exemplo, a Debt Free Justice Coalition da Califórnia esteve à frente dessa investida contra a depredação financeira no sistema penal, junto com o National Bail Out e o Movement for Black Lives, entre outros grupos. Há anos, o Debt Collective, do qual sou cofundadora, vem trabalhando para repensar por completo o endividamento doméstico. Com os sindicatos de devedores como estratégia de organização, esse grupo busca transformar o endividamento de modo que ele deixe de ser uma experiência de isolamento, muitas vezes vexatória, e se transforme em uma fonte de poder coletivo e de pressão sobre nosso sistema financeiro.

Enquanto lutamos, submersos em múltiplas formas de endividamento — médico, estudantil, doméstico e com o sistema penal —, pareceria contrário a toda lógica pensar que as dívidas possam ser fonte de poder. Mas basta entender as palavras que costumam ser atribuídas ao magnata da indústria petroleira Jean Paul Getty para encontrar uma perspectiva radicalmente diferente. Diz-se que ele teria comentado, em tom de piada: "Se você deve cem dólares ao banco, o banco é seu dono. Mas, se você deve cem milhões, você é o dono do banco". O ponto de partida dos sindicatos de devedores é perguntar o que aconteceria se concebêssemos a exorbitante quantia de 14,15 trilhões de dólares de endividamento doméstico atual como fonte de pressão coletiva, e não como um agregado de passivos individuais. Milhões de devedores avulsos são propriedade dos bancos. Mas, como nos ensina Getty, se você é parte de um coletivo que deve 14,15 trilhões de dólares, você é dono dos bancos... e dos governos federal, estadual e municipal, que se transformaram, eles próprios, em abusivos credores da era neoliberal.

O primeiro sindicato de devedores organizado pelo Debt Collective, em 2014, reuniu pessoas que haviam contraído dívida com instituições de ensino superior com fins lucrativos. Até hoje, conseguimos não apenas o cancelamento de dívidas no valor de mais de 1,5 bilhão de dólares como também atraímos a atenção de formuladores de políticas públicas. Em junho de 2019, quando as deputadas Ilhan Omar, Pramila Jayapal e Alexandria Ocasio-Cortez, junto com Sanders, apresentaram seu projeto legislativo College For All, para abolir a dívida estudantil e garantir a educação superior gratuita, Pamela Hunt — membro do Debt Collective e "grevista contra o endividamento estudantil" — foi convidada para falar ao microfone. "Devo 212 mil dólares em empréstimos estudantis, dos quais 51 mil equivalem só a juros" foram as primeiras palavras de Pam. "Dirijo-me a vocês como alguém que começou uma carreira universitária e, por conta disso, encontra-se agora pior do que antes."

Hunt se apresentou como orgulhosa mãe de três filhas que se graduaram na universidade nos últimos quatro anos, cada uma com uma dívida adicional de cinquenta mil dólares. Também se autodenominou ativista. "Vim para Washington D.C. em 2015, fui uma das primeiras grevistas contra o endividamento estudantil na história dos Estados Unidos. Há anos temos nos organizado e, graças a isso, alguns devedores conseguiram reduzir sua dívida, embora esse não seja o meu caso." Ao se identificar como uma grevista que integra um sindicato de devedores e que é membro do Debt Collective, deixava claro o que buscava e o que não queria: "Não estou pedindo perdão. Peço justiça. E a única justiça é o cancelamento total das dívidas".

Há menos de uma década, teria sido impensável que Hunt pudesse dizer que justiça significa o cancelamento total das dívidas estudantis, em um ato em que, ao mesmo tempo, é apresentada uma legislação federal com a mesma exigência. Enquanto o Occupy Wall Street se instalava no sul de Manhattan em 2011, a campanha Occupy Student Debt propôs o "Dia do Trilhão de Dólares" — em referência à cifra da dívida estudantil —, exigindo o cancelamento total das dívidas e a educação universitária gratuita. Chadwick Matlin, da agência Reuters, reagiu em tom de chacota: "Querem que se perdoe toda a dívida estudantil do país... E, se o governo for gentil o bastante, agradeceriam também se pagasse pela educação superior para sempre", perguntando em seguida: "O que aconteceu com essa proposta, esse grande pedido que todos estávamos esperando?", para então responder: "Quase ninguém se importou".

Naquele dia, o programa da rede NPR *All Things Considered* [A despeito de tudo] também cobriu a atividade e a crescente preocupação acerca do endividamento estudantil, informando que "a maioria dos especialistas acredita haver bem pouca probabilidade de que o governo perdoe o pagamento dos empréstimos estudantis". Sem se deixar amedrontar pelo sarcasmo e pela subestimação dos meios de comunicação, um subgrupo do Occupy Wall Street começou a centrar sua análise e seu ativismo na relação entre as finanças e os diferentes tipos de endividamento doméstico. Na primavera boreal de 2012, esse grupo surgiu com o nome de Strike Debt, primeiro em Nova York e depois em Oakland. Ao mesmo tempo que começavam a pesquisar e a repensar o endividamento depois da crise de 2008, organizavam assembleias de devedores e devedoras em ambas as cidades e produziam uma série de projetos, como um manual de operações para resistir ao endividamento (iniciativas citadas por Schwob no final de seu artigo) e o Rolling Jubilee, "um resgate pelo povo, para o povo".

Os que organizaram o Rolling Jubilee estabeleceram legalmente uma agência de cobrança de dívidas, organizaram uma campanha de arrecadação coletiva e compraram, por uns poucos dólares, dívida por gastos médicos não pagos e dívida estudantil privada. Em vez de cobrar a dívida, decidiram cancelá-la. O projeto foi pensado precisamente para disputar os mitos moralizantes sobre o endividamento. As devedoras e os devedores domésticos — normalmente chamados de "consumidores devedores" — costumam entender o endividamento como uma relação diádica e realmente pessoal: o credor me emprestou dinheiro e eu tenho a obrigação contratual e moral de devolvê-lo. Mas o Rolling Jubilee mostrou quão enganosa é essa imagem diádica. A dívida não paga é menos uma relação íntima entre devedor e credor do que um ativo comercializável: um elemento potencial utilizado para a especulação em busca de benefícios e para aumentar o poder de pressão, como demonstraram claramente os bancos estadunidenses em falência depois da crise das hipotecas. Como os devedores ignoram que os credores compram dívida a um preço tão baixo, não se dão conta de que eles também poderiam pagar menos por suas dívidas morosas, ao invés de pagar mais. O Rolling Jubilee mostrou que o valor de suas dívidas oscila abruptamente e pode chegar a cair a até 2% de seu valor; ao rastrear os caminhos rizomáticos do endividamento, começou-se a perguntar sobre a díade credor/devedor e expôs-se a forma proliferativa da dívida que, até o momento, só os credores tinham conseguido explorar.

O público em geral adorou o Rolling Jubilee. O apresentador de TV John Oliver o despojou de sua origem radical e o usou em seu programa, e se multiplicaram derivações similares. Por que tanta popularidade? Em parte, porque o Rolling Jubilee fez com que a dívida parecesse menos uma questão de luta de classes e luta racial e mais um gratificante ataque pirata às infraestruturas da dívida. Mas os organizadores sempre tiveram outras motivações.

No inverno boreal de 2014, o Rolling Jubilee adquiriu uma carteira de dívida estudantil de uma das maiores instituições de educação superior privadas do país à época, o Corinthian Colleges Inc. Esse tipo de instituição é um caso de estudo particularmente preocupante acerca da financeirização e do capitalismo racial. Elas costumam ser até duas vezes mais caras do que as universidades de elite da Ivy League e cinco ou seis vezes mais caras do que os community colleges [faculdades comunitárias].

As instituições de educação superior privadas, como os *colleges*, que gastam a maior parte do orçamento em propaganda, salário de gerentes, lobby federal e retribuição econômica de seus acionistas, têm merecida má fama por sua publicidade agressiva e enganosa e por oferecer educação de baixa qualidade. Vendem-se como representantes da democratização da educação superior, mas desenvolvem táticas de publicidade e recrutamento dirigidas desproporcionalmente a estudantes negros e latinos, mães solteiras e veteranos de guerra. Em 2014, 71% dos inscritos no Corinthian eram mulheres, 35% eram negros, 1% hispânicos ou latinos e 58% do total eram pessoas racializadas. Alegam tratar-se de uma solução para o mercado diante do aumento na demanda por educação superior, mas, na verdade, essas instituições com fins lucrativos são financiadas com dinheiro público através de empréstimos estudantis do governo federal, os quais contribuem em média com 86% de seus lucros.

Em 2013, a então procuradora-geral da Califórnia, Kamala Harris, apresentou uma demanda contra o Corinthian e suas subsidiárias, na qual acusava a instituição de realizar publicidade falsa e "predatória", fraudar valores e distorcer a informação ofertada aos estudantes. No ano de 2014, outros promotores se juntaram à querela, e o Corinthian acumulou mais uma investigação penal iniciada por autoridades federais. Ao mesmo tempo que esses escândalos se tornavam cada vez mais públicos, os organizadores do Debt Collective se reuniram com um pequeno grupo de ex-alunos muito endividados que já tinham começado a se organizar. Juntos, trabalharam para alcançar dois objetivos.

Primeiro, uma greve contra o endividamento. Um grupo composto por quinze ex-alunos do Corinthian, a maioria já descumprindo pagamentos de sua dívida estudantil e sofrendo as consequências, participou de jornadas intensivas, com oficinas sobre temas legais, desenvolvimento de liderança, formação política, intercâmbio de histórias e capacitação em meios de comunicação. Em fevereiro de 2015, os quinze do Corinthian ganharam exposição com sua histórica greve contra o endividamento.

Em segundo lugar, para aqueles que não quiseram se unir à greve, o Debt Collective criou uma ferramenta legal on-line para acionar uma disposição da Higher Education Act [Lei de educação superior] muito pouco conhecida à época e por meio da qual se solicita a anulação do empréstimo, a Defense to Repayment [Proteção contra o pagamento em duplicidade] (DTR). Com essa ferramenta on-line, entre 2015 e 2017, a greve foi além do Corinthian e abarcou devedores e devedoras do ITT Tech e do Art Institute. Segundo os dados do Departamento de Educação dos Estados Unidos, em novembro de 2016 haviam sido apresentadas 82 mil demandas através desse método.

Graças a esse incansável esforço organizacional dos últimos quatro anos, e apesar dos recursos escassos, a primeira greve contra o endividamento estudantil presenciada por nossa nação conseguiu o cancelamento de 1,5 bilhão de dólares em dívida dos grevistas e uma rápida mudança na política federal. Na verdade, a moralidade se desloca graças à ação coletiva. É claro que, como participante do grupo, sou parcial, mas escutemos a assessora de Elizabeth Warren, Julie Margetta Morgan. Ela disse ao *MarketWatch* que, embora a campanha do Debt Collective tenha focado um grupo relativamente pequeno de tomadores de empréstimos, gerou um debate mais amplo sobre o perdão às dívidas. Julie explicou: "Esse processo que tenta aproveitar as disposições legais existentes começou a expor as falhas do sistema atual e, ao mesmo tempo, conseguiu que o público pudesse se valer do argumento de que às vezes é preciso anular a dívida".

Nesse caso, a organização social não só melhorou as condições materiais das pessoas como também se traduziu em uma mudança de mentalidade nos meios de comunicação e, pouco a pouco, nos meios políticos e no público em geral.

A própria existência de propostas legislativas que poderiam abolir a dívida estudantil, eliminar um número significativo de dívida por gastos médicos e oferecer educação superior e atenção médica como bens públicos é uma tremenda vitória. Mas, como costuma dizer a acadêmica e abolicionista Ruth Wilson Gilmore, devemos nos organizar para o dia depois da vitória. Não podemos delegar nossas agendas políticas, sociais e ambientais aos políticos progressistas e irmos embora. Nossas nefastas histórias de exclusão racista e colonial da provisão pública de bens supostamente universais nos lembram de que não só devemos permanecer alertas como também precisamos ter uma visão de futuro. No fim das contas, o objetivo dos sindicatos de devedores não é apenas conseguir o cancelamento das dívidas ou que o poder estatal proveja bens públicos robustos: é construir poder coletivo, poder popular.

Se, como nos ensina Getty, dever ao banco pode equivaler a ser seu proprietário, então a ubiquidade da dívida é uma oportunidade para que o endividamento deixe de ser motivo de isolamento e vergonha individual e se transforme em uma plataforma de ação coletiva. A mobilização coletiva através das greves e dos sindicatos de devedores e devedoras poderia obrigar o sistema financeiro a reconhecer que as pessoas, não apenas os bancos, são sistemicamente fundamentais e grandes demais para cair. Se observarmos a crise financeira de 2008 com essas lentes invertidas — reimaginando o endividamento como capacidade de pressão coletiva —, veremos o poder e a escala potenciais da organização dos devedores.

O estopim da crise de 2008 foram as taxas de juros crescentes atreladas ao não pagamento das hipotecas de alto risco (*subprime*) nos Estados Unidos. Pequenos atos de inadimplência, involuntariamente coordenados, desestabilizaram todo o sistema financeiro mundial. O que teria acontecido se essa inadimplência tivesse sido intencional e coordenada? O que teria ocorrido se houvesse um sindicato de devedores hipotecários cujos membros, cientes de que já não conseguem pagar as parcelas, decidissem ameaçar uma interrupção coletiva dos pagamentos para negociar um resgate a favor dos donos das moradias, e não dos bancos? Ou, talvez, para exigir amortizações da dívida, o fim de práticas prestamistas racistas ou um limite às avultadas taxas de juros variáveis?

Devemos nos perguntar por que essas hipóteses contrafactuais soam tão descabidas se até mesmo Sheila Bair, líder republicana da Federal Deposit Insurance Corporation (FDIC), propôs durante a crise que os donos das moradias deveriam, de alguma maneira, ser resgatados. Como escreveu Joe Nocera na *New York Times Magazine*, durante a crise, Bair "foi uma defensora feroz e muitas vezes solitária de uma modificação hipotecária generalizada" e havia alertado sobre o caráter predatório dos empréstimos de alto risco muito antes de a crise desferir seu golpe. Mesmo assim, o então presidente do Federal Reserve, Alan Greenspan, e os secretários do Tesouro, Henry Paulson e Timothy Geithner, menosprezaram Bair e insistiram para que os bancos fossem resgatados à custa dos proprietários dos imóveis.

Retrospectivamente, poderíamos dizer que alguns devedores foram resgatados (bancos e detentores de títulos em particular), enquanto outros, não (os detentores de hipotecas). Imaginemos o que teria acontecido se Bair tivesse obtido o respaldo de um sindicato nacional de detentores de hipotecas. Os bancos contam com uma operação muito poderosa de respaldo coletivo: lobistas e um conjunto muito ativo de reguladores e membros de gabinete que se movem pelos níveis mais altos dos bancos e governos. Os devedores e as devedoras não dispõem desse tipo de representação coletiva.

Imaginemos o que teria ocorrido se um sindicato nacional de detentores de hipoteca tivesse participado da concepção e da negociação do Home Affordable Modification Program [Programa para tornar a moradia acessível] do presidente Barack Obama, em que o governo encomendou à própria indústria de rapina, responsável por produzir a crise, a concessão de reduções hipotecárias. Como resultado, 68% dos 6,1 milhões de inscritos receberam assistência. A pressuposição contrafactual de uma crise de 2008 *com* sindicatos de devedores nos permite imaginar o potencial que estes têm de influenciar a economia, exercer poder político, desestabilizar instituições importantes e obrigar as elites a aprovarem reformas que, de outro modo, evitariam — e inclusive, atrevo-me a dizer, tornar reais novos sistemas econômicos e novas relações.

Em seu potencial de exercer poder político, os sindicatos de devedores atuam pelo menos em dois níveis. No primeiro e mais básico, concedem àqueles que fazem empréstimos o poder de negociar contratos, o que até agora só os prestamistas podiam fazer. Os termos são justos? Qual é o índice de lucro e o prazo de devolução do empréstimo? E as taxas e penalizações? Os termos dos contratos são discriminatórios? Esse fluxo de renda será titularizado? Se assim for, que repercussão teria para aqueles que recebem os empréstimos? Além das negociações prévias à assinatura do contrato, os sindicatos de devedores têm a capacidade de ameaçar com o não pagamento de dívidas ou de realmente não pagar, o que também permite a renegociação ou a amortização dos contratos atuais.

Em um segundo nível mais geral, dado que a organização de devedores aponta para os credores, para a regulação dos processos creditícios e para os meios de financiamento do bem ou do serviço em questão, ela consegue que o público dedique atenção à forma como são pagos e a quem, e quem são os que financiam (ou não) as coisas que nos são importantes: a educação, a saúde, a moradia e o sistema carcerário. Os sindicatos dos devedores podem exercer seu poder não apenas renegociando contratos individuais, mas também nos forçando a retomar questões que a era das finanças parece haver encerrado, começando por como pagamos as coisas.

Dito de outro modo, o potencial desses sindicatos não é meramente se negar a pagar as dívidas ilegítimas ou renegociá-las. Seu potencial mais amplo reside na construção de poder — com o rechaço coletivo do endividamento como estratégia de pressão — na era do capitalismo financeiro. E, no lugar de simplesmente ceder esse poder ao Estado, e a qualquer que seja seu ocupante da vez, usá-lo para construir as relações sociais reparatórias anticapitalistas e anticoloniais de que precisamos. O trabalho continua. No início de fevereiro de 2020, o Debt Collective anunciou uma greve nacional contra o endividamento estudantil. Do prédio de uma das instituições de educação superior mais prestigiadas do país, outrora gratuita, a Universidade da Califórnia, os grevistas exigiram o cancelamento total dos débitos estudantis e educação gratuita para todas e todos.

No prólogo ao seu exitoso *Capitalismo e liberdade*, de 1962, Milton Friedman escreveu:

> Somente uma crise — real ou percebida como real — produz uma mudança verdadeira. Quando tal crise ocorre, realizam-se ações que dependem de ideias que estejam disponíveis naquele momento. Creio que esta seja nossa principal função: desenvolver alternativas às políticas atuais, mantê-las vivas e disponíveis até que o politicamente impossível se converta em politicamente inevitável.

O pensamento moral sobre o endividamento se mobilizou radicalmente na atualidade porque os movimentos sociais lutaram para manter as novas ideias, as visões expansivas e os mundos reparadores vivos e disponíveis. Enquanto promovemos e observamos o politicamente impossível se tornar politicamente inevitável, é necessário continuar imaginando e organizando o dia depois da vitória.

7

COMUNIDADES DE COOPERAÇÃO

Mujeres de Frente

Caja de Ahorro 1º de Mayo

A confluência entre a organização Mujeres de Frente e a Caja de Ahorro 1º de Mayo é uma experiência concreta de comunidade de cooperação no Equador. A atividade das integrantes da Mujeres de Frente — comerciantes de rua autônomas, recicladoras, trabalhadoras domésticas, estudantes universitárias, professoras, mulheres encarceradas ou com familiares encarcerados, crianças e adolescentes — se desdobra entre as economias de sobrevivência e de reprodução e suas respectivas formas de lidar com a razão punitiva. Elas vêm desenvolvendo trajetórias trabalhistas importantíssimas que sustentam projetos de vida de várias gerações e se centram nas economias populares de rua. A decisão de não pedir empréstimo aos bancos faz com que a necessidade financeira se canalize através de *chulqueros* [prestamistas informais], uma figura ambivalente que será descrita mais adiante. A Caja de Ahorro 1º de Mayo vai sendo concretizada em sintonia com essas necessidades de financiamento, propondo um projeto de poupança e redistribuição de recursos econômicos entre seus membros.

Conversamos sobre essas questões primeiro em Quito, no escritório onde está sediada a organização Mujeres de Frente. Posteriormente, propusemos retomá-las para este livro, em diálogo com Andrea Aguirre, pesquisadora e cofundadora de Mujeres de Frente; com Margarita Casnanzuela, comerciante autônoma e também integrante de Mujeres de Frente; e Diego Carrión, economista e militante da Caja de Ahorro 1º de Mayo.

ANDREA AGUIRRE

A Mujeres de Frente é uma organização formada por comerciantes de rua autônomas, recicladoras, trabalhadoras domésticas e trabalhadoras sexuais, estudantes universitárias, familiares de presos, crianças e adolescentes. Por isso, trata-se de um espaço que nos leva a pensar sobre as posições econômicas que as mulheres ocupam no âmbito dos comércios autônomos de rua. Há também companheiras que vendem produtos ilegais, dizendo-nos que tomam essa decisão com vistas à sobrevivência e à reprodução. Interessa-nos então acompanhar por dentro essas racionalidades econômicas, que mobilizam uma enorme quantidade de trabalho e integram companheiras assalariadas em condições muito modestas e outras com antecedentes penais, implicando também muitas companheiras que sobrevivem como agentes da economia popular urbana.

O que vemos é que todas as companheiras tomam decisões trabalhistas em função das lógicas de endividamento e de investimento. São também decisões em relação ao Estado punitivo, que passa a ser parte do cálculo econômico. Isto é, as mulheres com distintas relações com o Estado penal e com a razão punitiva calculam suas estratégias econômicas em função disso. Há companheiras que, sem cometer nenhum delito, ao estarem no comércio autônomo na rua, passam a realizar uma atividade que não é legalizada, como a venda sem autorização municipal. Vemos assim distintas relações com o endividamento.

Por que não recorrem ao banco, uma vez que se dedicam ao comércio de rua? Quando uma vendedora adoece, não há forma de trabalhar e tampouco de pagar o que deve. Então, é melhor conversar com a *chulquera* ou *chulquero* do que com o banco. Além disso, relacionar-se com o banco implica estar na central de riscos.

Várias companheiras escolhem não se filiar ao Seguro Social ao perceber que isso por fim lhes retira mais recursos do que lhes dá. Muitas delas afirmam que os trabalhos mal remunerados, como trabalhos femininos não qualificados, pagam menos do que os autônomos, razão pela qual preferem não procurar emprego. Essa situação nos leva a questionar por qual motivo se acaba recorrendo a um serviço médico privado e por que razão não se confia no sistema público de saúde. Supõe-se, em casos como esses, que não se poderá alcançar a aposentadoria, e a participação no Seguro Social não aparece como opção razoável. Outras companheiras dedicam-se ao trabalho doméstico, atividade da qual algumas decidiram sair, por ser ultrajante; nesse aspecto, esse serviço se distingue do trabalho nas ruas. Há, ainda, companheiras que são trabalhadoras sexuais.

Ao se associarem à Caja, as companheiras comerciantes geraram um tipo de crédito, que é, no fim das contas, uma redistribuição dos recursos entre nós, porque depende sempre de um outro, entre nós mesmos, que entra com uma parte de seu salário. A potência da Caja está mais no gesto de redistribuição do que no de acumulação e poupança. Os créditos para comerciantes autônomos foram pensados em sintonia com o que as companheiras foram narrando e utilizados como investimento para sustentar o comércio. No entanto, constatamos que muitas continuam renovando o crédito, porque não se gera capacidade de poupança.

Uma questão crucial é saber quem procura o crédito não para o comércio, e sim para situações emergenciais, como no caso das mães solo, por exemplo. As comerciantes são as que mais participam e dinamizam a Caja, mas essa não é a realidade de todas.

Gostaria também de ressaltar a relação de diversas companheiras com os bancos privados, os quais elas abandonam. Sabemos que elas são as mais responsáveis e as protagonistas de uma economia popular altamente feminizada que se desenvolve nas ruas. Mesmo assim, passar a integrar a central de riscos é algo sempre iminente; está presente, portanto, o aspecto punitivo, que atua como um outro dispositivo de controle das economias populares, evitando seu florescimento. Poderíamos resumir a questão dizendo que a polícia, a central de riscos e a dívida são três elementos de bloqueio da economia popular.

Por último, gostaria de assinalar que a Mujeres de Frente e a Caja de Ahorro 1º de Mayo são duas expressões de uma comunidade de cooperação e de uma trajetória comum que nos vincula a experimentos pontuais.

A Caja funciona como abertura a uma possibilidade de poupança e crédito dentro de uma condição de desigualdade. Ela dialoga com o que somos. É uma maneira direta de enfrentar o problema das garantias, que acaba funcionando como fonte de ruptura de relações pessoais. A decisão da Mujeres de Frente de optar por garantias coletivas busca também ampliar nossa capacidade de empréstimo como coletivo, a partir do que temos poupado em comum. Dentro da Caja, os montantes de crédito que somos capazes de oferecer como Mujeres de Frente dependem do que conseguimos poupar como coletivo. A garantia é coletiva, e geramos um sistema de diálogo com as companheiras que, por um motivo ou outro, não conseguem pagar uma parcela, de modo que possamos chegar a acordos sobre o pagamento sem pôr em risco nossos vínculos. A única regra é não desaparecer. É ter o diálogo como forma de sustentar a garantia.

MARGARITA CASNANZUELA

Eu me chamo Margarita, sou comerciante autônoma de rua. Integro a Mujeres de Frente, que, como organização, se insere na Caja de Ahorro 1º de Mayo. Os empréstimos para comerciantes autônomas são uma das iniciativas da Caja. Aqui, trabalhamos como organização para construir garantias coletivas, evitando corroer as relações pessoais. Isso implica perguntar-nos o que significa contrair um crédito quando se é parte de um coletivo.

Eu vendo frituras de batata e banana (*chifles* e *maqueños*). Esse é o meu negócio. Faz dezenove anos que eu trabalho com isso. Recorri a distintas modalidades de endividamento com os bancos privados e o *chulco*.

Quando nos endividamos com o banco, somos pressionadas para a zerar a dívida, e dependemos das vendas para isso. Os *chulqueros*, que são os prestamistas informais, nos oferecem dinheiro a uma taxa de juros mensal de 20%, o que geralmente significa sessenta dólares por mês. O *chulco* nos consome progressivamente sem que paguemos qualquer parcela do capital; tudo acaba sendo destinado ao pagamento de juros.

Quando há boas vendas, essa dinâmica se prolonga. Isto é, quase sempre se paga e se renova o empréstimo. O que se ganha diariamente, por sua vez, é usado para arcar com os aluguéis, para comprar uma peça de roupa.

O *chulquero* é também um comerciante autônomo, a quem se paga diariamente. Dou um exemplo: a cada cem dólares de empréstimo, você deve pagar oito dólares diários. Esse montante é pago de domingo a domingo, em trinta dias. Além disso, não nos pedem documentação, como ocorre com os bancos, os quais, como se não bastasse, eventualmente nos negam acesso ao crédito. Além disso, com o *chulquero* é possível conversar para que se facilite rapidamente o acesso ao dinheiro.

Ao mesmo tempo que trabalhamos, temos de enfrentar a perseguição da polícia, que confisca nossos produtos. Para recuperá-

-los, vemo-nos obrigadas a pedir mais dinheiro emprestado, pois é mais barato do que recorrer à polícia para recuperar a mercadoria.

Agora, como sou sócia legal de uma associação de comerciantes de rua, já não nos confiscam mais, nem sou perseguida pela polícia.

Na venda de rua, trabalho das 8h às 19h. Um bom dia de vendas significa trinta dólares diários, e doze ou treze dólares quando tenho um dia ruim.

Eu costumava pedir trezentos dólares de empréstimo. São sessenta dólares de juros por mês se não pago em dia, caso as vendas não sejam boas. De cada dólar do que vendo, fico com vinte centavos de lucro, que uso para investir e comprar óleo, embalagens e molho de tomate. Eu os compro à medida que ganho o dinheiro. O produto é fresco, então não posso estocá-lo.

Chego em casa às 21h e cozinho para meus filhos. Em seguida, começo a preparar os produtos e embalá-los para o dia seguinte. Meu trabalho continua em casa. Faço batatas e as embalo. Termino às 6h da manhã. Descanso até às 7h e volto ao negócio.

Bebo um energético que vendem no Equador, que é como a Coca-Cola, e isso me permite trabalhar. Quase não descanso.

Meus dois filhos concluíram os estudos de segundo grau. Não trabalham. Às vezes, aceitam um bico. Minha família inteira é comerciante. Minha mãe é do mercado La Magdalena e me criou na rua com ela. Nos prendiam às 9h da manhã e nos soltavam às 15h. Pagávamos uma multa e saíamos. Minha mãe vendia *mote* [milho cozido], batata e *fritada* [carne de porco]. Minhas primeiras vendas foram *maduros* [banana madura] assados, gelatina e sorvetes.

Por sorte, não pago aluguel, porque moro na casa própria de uma amiga. Mas me endividei para pagar os estudos de meus filhos. Investi toda a dívida neles. É a melhor herança que uma mãe pode deixar à sua prole. Não terminei a escola. Meu filho quer entrar na universidade. Trabalhei ainda mais quando meu filho estava perto de se graduar. Desde as 7h da manhã, eu vendia bala, chocolates etc., e continuava à noite para poder pagar a dívida.

Atualmente, desde que inauguramos uma escola na Mujeres de Frente, concluí o primário. Já tenho meu diploma. Comecei a estudar aos 40 anos e agora tenho 49. Durante esse período, fiquei para trás, mas não me importava, porque, quando eu estudava, me sentia bem.

DIEGO CARRIÓN

A Caja de Ahorro começa com a necessidade de se reconectar com a militância para aqueles que, como eu, vindos da esquerda tradicional, fomos marcados pelo movimento indígena e sua referência de autogoverno, vida comunitária e crítica ao neoliberalismo. Também nos marcou o encontro com o feminismo, em 2004, quando tivemos contato com a primeira geração da Mujeres de Frente. Nesse momento, a organização mista que construímos na universidade e que se chamava Comuna se autodenominou feminista. Ao sair da universidade, a organização encontrou sérios problemas para se sustentar; tentamos a autogestão econômica (bar, imprensa etc.) para sobreviver por um tempo, mas logo depois nos separamos. A Caja de Ahorro surgiu em 2019 e reúne boa parte dos membros mais estáveis da Comuna.

Estimulou-nos, desde o início, o fato de a prática ser o que funciona como catalisador da militância e também dos afetos. Para dar uma definição, eu diria que a Caja tem dois componentes. Por um lado, responde à pergunta de como solucionamos problemas práticos em temas econômicos. Também resolve questões de saúde e de educação, que são temas de difícil solução se tentarmos recorrer ao sistema bancário oficial. Estudamos a enorme concentração do crédito por estratos: as empresas grandes detêm 75% dele, seguidas pelos créditos ao consumo, enquanto uma mínima parcela vai para os microcréditos. Por outro lado, as finanças populares se converteram em novos *chulcos*: pela forma das garantias, pelas taxas de juros elevadas e porque há sistemas com formas muito agressivas de cobrança. Dentro do *chulco* tradicional, há muita violência: cobranças ameaçadoras, valores desproporcionais e acumulação de dívidas. Buscar formas alternativas de crédito nos parecia uma maneira de resolver um problema prático. Lembremos que, no Equador, 70% dos trabalhadores não são registrados.

Em segundo lugar, é um espaço de convivência que gera novas relações e fortalece as já existentes. No início, a ideia era lançar vários projetos ao mesmo tempo, algo que não era factível. Mas, para uma primeira tentativa, a resposta foi incrível. Pensamos que precisaríamos de oito meses de recursos, no entanto, em pouco tempo, no mês de setembro, pudemos levantar uma linha de crédito para mães solo que necessitavam de dinheiro para inscrever seus filhos na escola e para comprar materiais escolares, livros, uniformes, gastos necessários inclusive no ensino público.

O *fondeo* é um processo que permite a redistribuição de recursos e o acesso ao crédito a famílias mais vulneráveis. A Caja é composta por dois grupos. Por um lado, por gente que possui recursos e pode poupar (amigos, familiares, conhecidos) e, por outro, por integrantes de organizações, comerciantes autônomos, mães, idosos e aqueles que requerem recursos em situações específicas. Com as contribuições mensais dos membros do primeiro grupo, armamos uma confluência para juntar sócios. Entra-se por indicação e é possível contribuir com quantias que vão de 1 a 50 dólares. O que pedimos sempre é que a contribuição seja regular.

O trabalho feito na Caja é voluntário. Tentamos operacionalizar os processos, fazer com que tudo seja realizado remotamente, e apostamos na criação de um aplicativo que automatizou muito daquilo pelo que éramos responsáveis. Essa automatização é bem artesanal, mas é um instrumento que pode ser replicado com facilidade. Esperamos que ele sirva para que outros criem suas cooperativas, para automatizar o processo contábil, algo que nos permite fazer o registro mensal das contribuições, a situação mensal dos fundos e o pagamento dos créditos.

Conseguimos ofertar créditos com uma taxa baixa, entre 5% e 10% abaixo da taxa oficial do Banco Central do Equador. Essa porcentagem cobre nosso único custo, que são as transações bancárias. Para dar um exemplo claro: Margarita incialmente pagava entre 20 e 30 dólares de juros, e passou a pagar apenas 87 centavos mensais.

Propomos também juros escalonados, de acordo com a situação econômica da pessoa, para subsidiar alguns pequenos gastos operacionais (transferências para aqueles que não usam meios eletrônicos, por exemplo) e, ao mesmo, tempo permitir créditos sem juros.

As comerciantes autônomas foram o segundo grupo da linha de crédito. Aqui se desenvolve um processo de reflexão conjunta com a organização Mujeres de Frente, que nos leva a substituir a noção de garantias pessoais pela garantia organizacional. A princípio, pensamos em garantias que cobrissem 100% dos créditos: o total do saldo da companheira que solicita o empréstimo mais a poupança de outras duas fiadoras. No caso de Margarita, porém, o empréstimo se viabilizou graças à poupança da Mujeres de Frente como organização.

A linha se situa entre 60 e 100 dólares mensais e tem funcionado como capital de trabalho, por isso a renovamos mês a mês. O que se capitaliza são os 87 centavos. O que propomos é capitalizar o que poupam agora do pagamento ao *chulquero* e convertê-lo em capital de trabalho próprio. Um dos requisitos era poupar na Caja, mas não foi possível levá-lo adiante.

Também há garantias pessoais para comerciantes autônomas que não estão em organizações. Para fazer tudo isso, decidimos não nos legalizarmos. Aqui, a Superintendência de Finanças Populares obriga as pessoas a cumprir requisitos que se tornam obstáculos. Em nosso caso, para funcionar, basta abrir uma conta poupança com a assinatura de duas pessoas. Enfim, decidimos retirar o dinheiro do banco e temos uma reserva em casa, por conta da ameaça permanente de desdolarização. Tudo o que se poupou na quarentena não pôde ser sacado, porque estamos em cidades diferentes.

Além disso, como Caja, nos engajamos em outra aposta: a cesta de alimentos na quarentena. Já havíamos organizado, com produtores de orgânicos, uma cesta de alimentos como benefício para nossos membros. O principal desafio era a distribuição. Porém, quando começou a quarentena, muitos de nossos companheiros enfrentavam dificuldades para se alimentar. Fizemos campanhas de doação, mas cada vez recebíamos mais pedidos. Em duas semanas, tínhamos quarenta famílias cadastradas. A Fundación Ahínco nos ajudou a operacionalizar o transporte. Na décima semana, dissemos que não poderíamos continuar com esse modelo de doações, e então financiamos 50% e as famílias os outros 50%. Além disso, começamos a vender cestas a famílias que podiam pagar para subsidiar quem não pudesse cobrir sequer os 50% do custo. Assim surgiu também o apadrinhamento de algumas famílias por outras, para que aquelas não tivessem de pagar nada pela cesta. De modo cíclico, várias pessoas que participaram da cesta aderiram à Caja.

É importante caracterizar o contexto no qual atuamos como organização que busca gerar alternativas de pagamento quando as situações de trabalho não permitem pagar um empréstimo. No Equador, as condições de precariedade são generalizadas, o que significa que há setores de trabalhadores que, de modo clássico, pode-se dizer que não têm relação com o capital. Para eles, o trabalho autônomo é a única alternativa e, além de servir para a sobrevivência material, é digno de respeito e produz vínculos comunitários nas ruas.

Por isso, qualquer projeto político precisa abarcar soluções práticas que busquem resolver a vida das pessoas no momento mais imediato. No entanto, ao mesmo tempo, trabalhar continuamente no plano imediato nos deixa a sensação de que há um vazio estratégico. A crise que se aproxima nos obrigará a responder politicamente, porque seu ímpeto é tão grande que parece estar determinada a destruir as economias de reprodução.

8 ABOLIR A DÍVIDA

Juan Pablo Rojas

No Chile, a ditadura não deixou apenas uma marca de morte, tortura e seres humanos desaparecidos sob a terra, o mar ou o deserto. Foi também um solo fértil para que as elites econômicas colocassem em prática a dantesca tarefa de arrebatar direitos e convertê-los em bens de consumo, os quais, claro, lhes trariam enormes ganhos em detrimento do bolso das pessoas comuns, esses 99% que sempre perdem e que poucas vezes se erguem para dizer "basta!".

A mercantilização da educação, levada a cabo por Pinochet e seus ministros, aperfeiçoada depois do retorno da democracia por uma sequência de governos autoproclamados de esquerda, mas que continuaram a se valer das técnicas mercantis herdadas da ruptura com a democracia, pariu um transtorno social: a dívida educacional chilena.

O Chile é um dos únicos países do mundo onde o Estado entrega o financiamento da educação aos bancos; onde jovens pobres, cujas famílias não contam com dinheiro suficiente para pagar mês a mês os altíssimos custos de uma mensalidade universitária, deverão assinar um pacto com o diabo, sob a forma do que hoje é chamado de Crédito com Aval do Estado (CAE). Mas antes foram outros os nomes ligados a essas invenções financeiras covardemente travestidas de benefícios sociais, os quais já cobraram cerca de dois milhões de vítimas — pessoas que, por terem almejado a educação, deverão ser párias do modelo econômico chileno, financeiramente liquidadas pelo único erro de ter tido a digna intenção de estudar.

Uma vez negado o acesso à compra de uma casa, tampouco poderão alugar um imóvel, visto que, graças à dívida, seus antecedentes são publicados em um relatório comercial de devedores chamado Dicom, propriedade da Equifax Inc., uma agência multinacional estadunidense que produz relatórios de crédito para o mercado e que é uma das três maiores agências de relatórios de crédito ao consumo, ao lado da Experian e da TransUnion.

Condenados a passar a vida inteira morando como agregados na casa de familiares, os devedores da educação começam o círculo vicioso da miséria muitas vezes com trabalhos precários ou mal remunerados, caso possam desempenhar o que aprenderam em sua passagem pela universidade.

É dessa forma que, ano após ano, os milhares de jovens que ingressam nas universidades veem seu futuro hipotecado, enquanto sua vida é destruída por um governo que continua sem entender que estão matando financeira e culturalmente toda uma geração, cujos indivíduos já não querem estudar artes e letras, não desejam mais se tornar atores, professores, poetas ou escritores, porque, com salários miseráveis, essas carreiras dificilmente poderiam pagar as milionárias cifras devidas, ainda mais infladas pelo negócio da dívida educacional. Mataram culturalmente toda uma geração de artistas, destruíram a geração de cultura, condenaram-nos a uma sociedade mercantil, na qual vale apenas o dinheiro que se pode ganhar, e não as próprias capacidades.

E como impedir esse crime social? A desobediência financeira é a única resposta diante dos ouvidos surdos dos governos, todos integrantes da mesma elite que nos vendeu aos bancos com vistas a seus negócios familiares. A desobediência, o não pagamento, a moratória é, no Chile, uma ferramenta complexa. O medo é a principal barreira para que os endividados com a educação decidam deixar de pagar as parcelas bancárias de sua caríssima formação. É o medo nascido da falta de educação financeira e do desconhecimento dos métodos de evasão e de defesa jurídica, pois é disto que se trata: não educar sobre os direitos correspondentes para facilitar o engano, o abuso e a violação de sua dignidade como pessoa.

A explosão social de outubro de 2019 demonstrou o esgotamento de milhões de chilenos, cansados de que rissem de nossa cara. Trinta anos de escárnio, de soluções sociais parciais, limitadas pelas possibilidades. Um dos lemas que se escutavam nas ruas era "Fim do CAE!" e "Perdão [das dívidas]!", ambas bandeiras de luta da Deuda Educativa, organização que fundamos em 2013 para promover a abolição das dívidas educacionais. Foram lutas difíceis de concretizar, pois, lamentavelmente, muitos deputados e senadores acreditam que ir contra o sistema bancário e arrebatar-lhes um negócio multimilionário é uma loucura, e não estão dispostos a tanto.

Nesse sentido, nós, vítimas, devemos fazer o trabalho que os parlamentares — supostamente nossos representantes —, de modo covarde, se negaram a fazer durante anos. Isso mostra a deslealdade da classe política, a parlamentarização de ex-dirigentes estudantis que agora, com seus assentos no Congresso, se eximem de fazer o que deveriam e que foi o motivo pelo qual lhes demos nosso voto. Disso, muitos de nós jamais nos esqueceremos.

Como estratégia para minimizar o receio dos endividados de abdicar dos pagamentos, tivemos de encontrar uma maneira para que não se continuasse registrando a dívida no relatório Dicom, principal temor do chileno.

Com esse objetivo, em dezembro de 2018, apresentamos um projeto de lei no Congresso Nacional para eliminar esses registros e proibi-los, apresentando como argumento o enorme dano social que provocavam tanto para o devedor quanto para a economia. Nossos aliados foram a Fundación Nodo XXI, os pesquisadores Fernando Carvallo e Felipe González, o senador Juan Ignacio Latorre e nossa querida deputada Camila Rojas Valderrama, que teve de se endividar para poder estudar.

O projeto era ambicioso, pois arrebatava uma das principais ferramentas que o modelo possui para evitar que se deixe de pagar, mas não podíamos perder mais do que já havíamos perdido. Durante sua tramitação no Senado, foram vários os "honoráveis" que tentaram barrá-lo, originários particularmente da Democracia Cristiana e do Partido Socialista.

É claro que o lobby da Equifax Inc. esteve presente, havia o risco de que perdessem parte do negócio; as universidades e os bancos também quiseram ser escutados, e então tivemos de denunciar nas redes sociais essas práticas quase mafiosas dos conglomerados econômicos.

Com muito esforço, nosso projeto avançou até chegar à Câmara dos Deputados, o segundo trâmite antes de poder se transformar em lei. Ali, permaneceu inerte por meses (talvez fosse esta a estratégia da política: que o projeto dormisse eternamente naquelas gavetas), como acontece com tantas boas ideias que jamais veem a luz, como a Ley de la República. Perdidas as esperanças, ocorre o glorioso *estallido* de outubro de 2019, a Primavera Chilena, e com esse processo se dá o mais impensado: nosso projeto é retomado e começa a avançar, a ser discutido e votado. Então, em um belo dia de janeiro de 2020, quando ainda podíamos caminhar livres pelas ruas sem medo de nos contagiarmos com o coronavírus, o que outrora havia nascido como tentativa de aliviar centenas de milhares de endividados pela educação finalmente se transformava em lei.

Foi assim que outorgaram 120 dias de prazo às instituições de educação e aos bancos para que eliminassem centenas de milhares de registros financeiros provenientes de dívidas para a educação. A partir de 26 de agosto de 2020, nunca mais poderia existir uma dívida relacionada à educação em qualquer tipo de registro comercial. Dessa vez, nós, os devedores, ganhamos, mostrando que a mobilização, a estratégia e o levante são ferramentas valiosas que os povos devem entesourar, mas também profissionalizar e aperfeiçoar.

Dessa forma, hoje já temos condições de fazer um chamado nacional à desobediência financeira. De maneira responsável, podemos dizer a um devedor que deixe de pagar, pois dissipamos seu medo de ser notificado comercialmente e, como a dívida do CAE tem garantia coberta pelo Estado, sua casa não será embargada judicialmente, podendo o devedor se defender e deixar que prescrevam as cobranças; de fato, através desse mecanismo, já conseguimos deixar de repassar aos bancos 1,5 bilhão de pesos (1.891.312 dólares).

Quando Ricardo Lagos, presidente do Chile, e seus ministros criaram esse aparato financeiro macabro, a ideia era que ele servisse como um fundo que pagasse ao banco caso o devedor não o fizesse. Em suma, trata-se de um mecanismo de arrebatamento de recursos estatais feito na medida dos bancos, que se aproveitam da necessidade dos jovens de terem educação superior. Mas algo me escapa: por que nenhuma autoridade política jamais denunciou esse sistema creditício em seus quinze anos de vigência? Medo? Favores? Lembremos que, no Chile, os que financiam as campanhas políticas são os bancos e os grandes empresários.

A evasão financeira aparece como a principal arma de que dispomos nós, que sofremos abusos por parte do sistema financeiro, e ela se efetiva a partir de ações que vão desde pular uma catraca do metrô como forma de protesto até recusar a cobrança de dívidas relacionadas ao que deveriam ser direitos sociais.

Mas nossa luta não termina aqui, pois o plano é que, conforme mais devedores se somem à desobediência e deixem de pagar, o Estado, que começará a perder muito mais dinheiro do que já perdeu recompensando o sistema bancário, se veja obrigado a perdoar. Entre 2006 e 2019, os bancos pagaram às universidades, mediante esse esquema, a soma de 5,95 trilhões de pesos (1 dólar = 785 pesos chilenos). Entre 2016 e 2019, o fisco comprou 55% dos créditos com um sobrepreço de 25%, entregando aos bancos, portanto, 4,1 trilhões de pesos, cifras estratosféricas, uma bofetada no rosto das famílias pobres que merecem ter educação gratuita como política pública de Estado, e não assinar contratos bancários para ter acesso à educação.

Nossa luta está longe de terminar, pois, com o chamado ao não pagamento, abre-se a porta para forçar o perdão universal, essa abolição tão necessária em uma sociedade com os bolsos exauridos. Pelo menos agora, nunca mais poderão nos dizer que se trata de um bom modelo de financiamento — o que é uma mentira —, e os políticos sabem que denunciaremos, com toda a força, qualquer tentativa de perpetuar o modelo no qual ainda vive o espírito do ditador. A ditadura do mercado deve finalmente morrer.

9

INVESTIGAR E ESTABELECER LIMITES PARA A DÍVIDA EXTERNA

Eduardo Codianni

Pedro Biscay

O QUE SIGNIFICA INVESTIGAR E ESTABELECER LIMITES PARA A DÍVIDA EXTERNA?

Essa é uma pergunta complexa, cuja resposta requer a análise de vários aspectos do processo de financeirização da economia. Em âmbito global, as finanças se tornam cada vez mais opacas, garantindo sua reprodução à margem de qualquer regulação. Por sua vez, a desregulação financeira global, que é a prova mais cabal da violência econômica, desenvolve três horizontes de conflituosidade: um que se liga ao ajuste fiscal e ao controle do gasto público por meios não democráticos; outro, associado à destruição dos direitos dos trabalhadores e ao recrudescimento da violência de gênero e racial, que são nada mais nada menos que formas pelas quais as finanças materializam sua violência típica; e o terceiro, em parte tratado aqui, vincula-se ao endividamento dos países e das famílias.

A América Latina precisa atuar unida e em bloco para definir as regras de funcionamento da atividade financeira. Devemos, portanto, encarar o debate estratégico sobre a atividade financeira como um serviço público, especialmente porque os bancos não podem ser sempre os grandes ganhadores na atividade econômica, e menos ainda à custa do endividamento das famílias e dos países.

Por isso, em 2016, junto com algumas companheiras e alguns companheiros, decidimos fundar o Centro de Estudios para la Integración Financera (Cinfin) do Centro de Políticas Públicas para el Socialismo (Ceppas), atualmente chamado de Grupo de Trabajo Finanzas para el Desarrollo, como uma ferramenta para discutir e construir alternativas a serviço dos trabalhadores e de seus sindicatos, dos movimentos sociais, dos parlamentares e dirigentes políticos e do conjunto da comunidade que busca se irmanar e se organizar para defender seus direitos e conceber projetos políticos livres, justos e soberanos. Trata-se de uma tarefa ao mesmo tempo local, regional e global, que exige potencializar o trabalho em rede para estimular uma batalha sem fim contra o neoliberalismo. Se essa tarefa não centrar seus esforços em desmantelar as condições e as tramas secretas que permitem o avanço devastador da violência financeira, não será possível sequer começar a lutar.

Em 2021, por ocasião da abertura das sessões ordinárias da Assembleia Legislativa, Alberto Fernández, presidente da Argentina, anunciou a apresentação de uma demanda criminal, a fim de estabelecer a responsabilidade das autoridades do governo anterior pelo acordo financeiro assinado com o Fundo Monetário Internacional (FMI) na modalidade stand-by, pactuado em 57 bilhões de dólares. Além disso, a nova Ley 27.612 de Fortalecimiento de Sostenibilidad de la Deuda Pública busca estabelecer critérios, mecanismos e procedimentos para futuros processos de endividamento externo. Diante dessas novidades, descrevemos aqui uma breve síntese do trabalho contínuo iniciado em junho de 2018 pelo Grupo de Trabajo Finanzas para el Desarrollo, pelo Movimiento Nacional de Empresas Recuperadas (MNER) e pela Coordinadora de Abogados de Interés Público (Caip), com o objetivo de obter informações sobre as condições do crédito contraído com o FMI durante o governo de Mauricio Macri e de desenhar um novo projeto de lei vinculado ao tema.[11]

UMA PEQUENA INTRODUÇÃO

A dívida externa e a fuga de capital são os principais obstáculos para o desenvolvimento da Argentina e da América Latina. Impediram e impedem qualquer tentativa de independência econômica e condenam um setor de nossas sociedades à pobreza e ao desemprego. Embora seja um tema recorrente na história latino-americana, desde os primórdios de nossas nações, foi nas últimas e mais sangrentas ditaduras civil-militares, desenvolvidas a partir dos anos 1970, que se concebeu o passo necessário para permitir posteriormente, com a chegada do neoliberalismo, o assalto e a espoliação dos bens dos Estados nacionais, a consolidação da hegemonia do capital concentrado e a subordinação dos setores populares.

Hoje, na Argentina, tanto a dívida do Estado nacional quanto a dívida dos estados provinciais e dos atores privados, assim como a fuga de capital, representam um perigo iminente não apenas no longo prazo, mas também para um futuro próximo e para qualquer projeto de desenvolvimento nacional. No entanto, mesmo sendo o Parlamento o primeiro responsável pelo debate e pela aprovação da contratação da dívida externa, tal como estabelece a Constituição, a abordagem legislativa é vista pela sociedade como insuficiente, dispersa e insignificante diante da gravidade dos fatos e da urgência de corrigi-los. É por isso que consideramos imprescindível auspiciar e implementar um

11 "Proyecto de ley sobre límites al endeudamiento externo de la República Argentina", Ceppas, 8 mar. 2021. Disponível em: http://ceppas.org.ar/documentos/proyecto-de-ley-sobre-limites-al-endeudamiento-externo-de-la-republica-argentina/.

debate amplo, que inclua todos os atores políticos, acadêmicos e integrantes da sociedade civil para pensar, analisar e realizar propostas concretas que avancem no esclarecimento do endividamento e em medidas para limitar a contração de dívida.

POSTURA E AÇÕES DIANTE DA CONTRAÇÃO DA DÍVIDA EXTERNA COM O FMI EM 2018

No início de maio de 2018, o governo encabeçado por Mauricio Macri anunciava o "início dos diálogos" com o FMI. No mês seguinte, foram assinados a carta de intenção e o memorando de entendimento viabilizando o maior empréstimo outorgado na história do órgão que, depois de uma ampliação de seu montante, ascendeu a um total de 57,1 bilhões de dólares. Nesse contexto, e diante da absoluta falta de informação púbica sobre o tema, começamos a pesquisa a respeito dessa notável contratação de crédito:

- Quais são os fundamentos, se é que existem, que justificaram contrair tamanho nível de dívida?
- Em caso de existirem razões válidas para tanto, qual seria o destino desse dinheiro?
- E, concebendo ainda que a dívida pudesse ser contraída pelo Executivo sem intervenção do Congresso, que procedimentos foram seguidos para tomar uma decisão como essa?

Em função disso, em dezembro de 2018, o Ceppas começou um caminho de apresentações de pedido de acesso à informação pública sobre os empréstimos.[12] Elas foram realizadas primeiro

12 "Deuda com el FMI: pedido de acceso a la información (2018)", Ceppas, 8 mar. 2021. Disponível em: http://ceppas.org.ar/documentos/credito-del-fmi-pedido-de-acceso-a-la-informacion-2018/.

em nível administrativo, solicitando ao Executivo os relatórios técnicos ou pareceres emitidos pelos órgãos competentes, o texto completo do contrato assinado, os detalhes das condições estabelecidas e as características financeiras negociadas, os expedientes administrativos pelos quais se desenvolveram, entre outras questões.

A esse pedido, o Ministério da Fazenda, dirigido à época por Nicolás Dujovne, respondeu que a "assinatura do acordo é uma prerrogativa do Poder Executivo, motivo pelo qual não requer parecer prévio nem aprovação do Congresso Nacional". Com respeito ao pedido da documentação solicitada, o Executivo simplesmente nos enviou uma página on-line do ministério, contendo apenas documentos preparatórios, e não os acordos assinados. Em suma, a resposta oferecida foi vaga, evasiva e incompleta.[13]

Em fevereiro de 2019, promovemos uma ação perante o Poder Judiciário que foi rechaçada em primeira instância e, depois de termos apelado, respaldada pela comissão revisora. No entanto, apesar da justiça ter ordenado ao Ministério da Fazenda que entregasse atos administrativos, acordos e prorrogações de jurisdição tanto em formato impresso quanto digital, este insistiu sistematicamente que já havia enviado todo o solicitado e deu por encerrada a questão. Desde novembro de 2019, a causa espera a definição da Corte Suprema de Justicia de la Nación, que deverá determinar se os expedientes entregues são suficientes para dar por cumprido o pedido de acesso à informação.[14]

Além disso, em março de 2019, o Ceppas realizou um novo pedido de acesso à informação pública em nível administrativo — dessa

---

13 "Deuda com el FMI: respuesta del Ministerio de Hacienda al pedido de acceso a la información (2018)", Ceppas, 8 mar. 2021. Disponível em: http://ceppas.org.ar/documentos/deuda-con-el-fmi-respuesta-del-ministerio-de-hacienda-al-pedido-de-acceso-a-la-informacion-2018/.

14 "Deuda com el FMI: pedido de rechazo del recurso extraordinário federal", Ceppas, 8 mar. 2021. Disponível em: http://ceppas.org.ar/documentos/deuda-con-el-fmi-pedido-de-rechazo-del-recurso-extraordinario-federal/.

vez, para o Banco Central de la República Argentina, com o objetivo de que este entregasse informações diversas sobre os pareceres exigidos pelo artigo 61 da Ley 24.156 de Administración Financiera.[15]

De forma complementar, entre 22 e 24 de outubro do mesmo ano, notificamos diversas comissões competentes da Câmara de Deputados e do Senado[16] para avisá-las sobre o pedido de informação e os descumprimentos do Poder Executivo. Insistimos também reiteradas vezes na necessidade de um debate público aberto, que convoque toda a sociedade para tratar coletivamente desse tema.

Como podemos ver, na tentativa de conhecer os detalhes de uma decisão em torno da qual gravita o destino do povo argentino, encontramos um Poder Executivo que apresentou todos os obstáculos e recursos de dilação possíveis para evadir o cumprimento do direito dos cidadãos ao acesso à informação.

À medida que acessávamos os documentos públicos, ficava claro que haviam endividado nosso país sem cumprir os procedimentos e requisitos legais exigidos pelo marco normativo argentino. O Estado toma decisões através de atos administrativos que devem ser ditados por um expediente e devidamente motivados (fundamentando causa e finalidade). Na produção desse expediente, ademais, devem intervir os organismos de assessoramento e controle requeridos pela normativa vigente, e devem fazê-lo em momento oportuno, segundo a Ley Nacional de Procedimiento Administrativo nº 19.549, e a Ley de Administración Financiera nº 24.156, para o caso argentino.

Dos dois expedientes administrativos entregues em resposta a nossos pedidos, obteve-se o seguinte:

---

15 "El pedido de acceso a información pública ante el BCRA para obtener los dictámenes exigidos por el art. 61 de la Ley de Administración Financiera", FMI en Argentina, 8 maio 2018. Disponível em: https://fmiargentina.com/2019/05/08/el-pedido-de-acceso-a-informacion-publica-ante-el-bcra-para-obtener-los-dictamenes-exigidos-por-el-art-61-de-la-ley-de-administracion-financiera/.

16 "Nota ante el Congreso", FMI en Argentina, 24 out. 2019. Disponível em: https://fmiargentina.com/comunicados-y-notas-institucionales/.

1. o primeiro expediente foi iniciado pelo Ministério da Fazenda em 21 de junho de 2018—ou seja, nove dias depois da assinatura da carta de intenção para solicitar o crédito (datada de 12 de junho de 2018);
2. não consta qualquer parecer jurídico prévio à assinatura da dita carta de intenção;
3. não consta parecer prévio do Banco Central sobre como o crédito que se pretendia contrair impactaria a balança de pagamentos (requisito exigido pelo artigo 61 da Ley de Administración Financiera);
4. não constam quaisquer atos administrativos por meio dos quais se tenha decidido contrair o crédito. Não consta no expediente nenhum decreto presidencial ou resolução do Banco Central ou do Ministério da Fazenda;
5. não há nenhuma informação de que se tenha aderido a qualquer acordo ou contrato. Encontra-se apenas a carta de intenção e seus memorandos anexados. Essa carta de intenção diz expressamente que tais memorandos são "materiais que devem ser usados para o desenho do acordo stand-by";
6. os dados e as projeções presentes nos memorandos anexados à carta de intenção não se vinculam a nenhum estudo, relatório, parecer ou opinião técnica prévia.

De tudo isso, certificado com documentos oficiais, se depreende que, ao se contrair o crédito com o FMI, foram descumpridos, de forma manifesta, todos os procedimentos estabelecidos para a tomada de decisões públicas nesse campo.

À luz da nova Ley 27.612, que ditou o fortalecimento da sustentabilidade da dívida pública e buscou fixar critérios, mecanismos e procedimentos para futuros processos de endividamento externo, e diante dos recentes anúncios do início de investigações criminais sobre o crédito contraído em 2018, faz-se duplamente necessário conhecer os detalhes de uma decisão de política econômica de semelhante envergadura.

CONCLUSÃO

Consideramos que os cidadãos têm direito de conhecer detalhadamente todas as irregularidades ocorridas no procedimento de contração da dívida. Por isso, colocamos à disposição da sociedade toda a informação pública (documentos oficiais, expedientes administrativos, expedientes judiciais) que pudemos encontrar.

A difusão dessa informação é especialmente relevante porque se trata de uma decisão de grande influência política, econômica, social e institucional, que afeta radicalmente as possibilidades de um desenvolvimento econômico justo, igualitário e democrático para nós e para as gerações vindouras.

Depois de tantos anos, e do reinício de um ciclo de endividamento externo com efeitos políticos destrutivos sobre o âmbito econômico e sobre a prosperidade social atual e futura de gerações de argentinos, é imperativo explorar todos os caminhos legais disponíveis no direito interno para definir responsabilidades e aplicar sanções aos responsáveis por tamanho endividamento. Assim o fizeram outros países para enfrentar as consequências deletérias de decisões financeiras adotadas por governos contrários aos interesses da maioria dos cidadãos.

As evidências documentais que figuram no caso "Codianni, Eduardo Julio c/ EN s/Amparo Ley 16.986" (Expte. nº 7651/2019) conformam uma base probatória suficientemente robusta sobre a origem ilegítima do crédito externo firmado com o FMI e, portanto, requerem a adoção de medidas adicionais, destinadas a obter uma reparação justa pelos danos econômicos causados ao povo argentino como consequência da atuação ilícita dos funcionários públicos que contraíram o mencionado crédito. Essas pessoas foram além da mera incompetência na administração pública.

É imperativo não esquecer e levar adiante todas as ações necessárias para que não permaneça impune a atuação ilícita relacionada à negociação da maior operação de crédito público da história argentina, assinada com o FMI pelos funcionários públicos do governo anterior, a saber: Mauricio Macri, ex-presidente da República e responsável pela administração geral do país; Marcos Peña, ex-chefe do Gabinete de Ministros; Nicolás Dujovne, ex-ministro da Fazenda; e Federico Sturzenegger, Luis Caputo e Guido Sandleris, ex-presidentes do Banco Central.

Foram eles que perpetraram o dano econômico evidenciado pelos índices de pobreza, retração econômica, instabilidade cambial, aceleração inflacionária e escassez de divisas para cumprir com os compromissos de pagamento, sem mencionar o histórico poder condicionante dos chamados programas de estabilização, que o próprio FMI costuma promover como receitas de ajuste estrutural, como demonstra a história dos vínculos entre o nosso país e essa organização.

Também é fundamental aprofundar os alinhamentos de sustentação da dívida pública através de leis do Congresso Nacional que nos assegurem o estabelecimento de limites precisos à dívida externa de nosso país e que sirvam de possível exemplo para outros países latino-americanos.

10

A LUTA CONTRA O MICROCRÉDITO NO MARROCOS

Omar Aziki

As instituições de microcrédito começaram a surgir no Marrocos em meados dos anos 1990, dez anos depois da implementação do programa de ajuste estrutural pelas instituições de Bretton Woods, para a renegociação de sua dívida externa. O Marrocos experimentou uma aguda crise econômica e financeira entre 1976 e 1977, e vários planos de austeridade foram impostos pelo FMI. As condições de vida e de renda da maioria da população se deterioraram, e o país passou por três grandes revoltas populares (1981, 1984 e 1990), que foram fortemente reprimidas.

Como na maioria dos países do Sul global, as instituições de microfinanças — promovidas a partir de 1983, com a criação do Banco Grameen, em Bangladesh, por Muhammad Yunus, e alentadas pelas instituições financeiras internacionais em proveito do capital — se dirigiram a uma massa de pobres, com o objetivo de lucrar. No Marrocos, há treze associações autorizadas a realizar atividades de microcrédito, agrupadas em uma Federação Nacional de Associações de Microcrédito. O setor contava com 905.456 clientes em 2019, ao passo que três dessas instituições aglutinam 82% do total de clientes das instituições de microfinanças e são responsáveis por 91% do total de empréstimos por elas distribuídos.

Em 2011, o setor do microcrédito enfrentou uma grande mobilização contestatória no sudeste do Marrocos, uma das regiões mais pobres do país e onde as mulheres são maioria (mais de 4,5 mil mulheres participaram dos protestos). Isso ocorreu no mesmo momento que aconteciam as manifestações nas regiões árabes, quando todos os estratos sociais saíram às ruas para fazer com que suas reivindicações, unificadas sob os lemas "O povo quer" e "Dignidade, liberdade e justiça social", fossem ouvidas.

Aquelas que tinham sido afetadas denunciaram os juros exorbitantes (de 30% a 40%, algumas vezes até mais) e os abusos das instituições de microfinanças.[17] Compartilhamos aqui seu testemunho:

> Os administradores [das instituições de microfinanças] pressionam terrivelmente aqueles e aquelas que não honram suas dívidas. Quando não se paga a tempo, os devedores e/ou devedoras recebem em suas casas a visita de um grupo de até oito pessoas, que costumam estar "bem vestidas", de terno e gravata, com uma atitude deliberadamente intimidante e com a mensagem de que, "se você não paga, pode acabar preso".[18]

Alguns devedores que vivem no Rich (sudeste do Marrocos) viram suas casas serem invadidas por pessoas que se diziam policiais, exigindo o reembolso imediato do que não havia sido pago até então e iniciando, diante da família aterrorizada, um inventário de suas

17 Testemunhos sobre os diferentes abusos sofridos pelas mulheres afetadas pelo microcrédito estão registrados na filmagem da Caravana de Solidariedade Internacional, organizada pelo CADTM, mostrando a luta das mulheres contra o microcrédito na região de Ouarzazate entre 24 e 27 de abril de 2014. Ver "Caravane internationale Ouarzazate", CADTM, 29 abr. 2014. Disponível em: https://www.cadtm.org/Caravane-internationale-Ouarzazate.

18 "Le micro-crédit ou le business de la pauvreté: Soutenons les femmes de Ouarzazate en lutte contre les institutions de la microfinance", Attac-CADTM Maroc, dez. 2013, p. 3.

posses. A família inteira presenciava esse processo traumático. Em outros lugares, várias mulheres foram forçadas à prostituição, enquanto outras preferiram o suicídio para fugir do inferno dos microcréditos. Elas deixaram de pagar seus empréstimos porque já não podiam fazê-lo.

O movimento começou a se organizar com a criação da Associação de Assistência Popular para o Desenvolvimento Social e passou a se estender a outras regiões do país. Foi então que a repressão do Estado se voltou contra os principais precursores do movimento, Bennasser Ismaïni e Amina Morad, respectivamente presidente e vice-presidenta da associação, condenados a um ano de prisão e ao pagamento de elevadas multas.[19] Outras tantas afetadas pelos microcréditos também estão ameaçadas de serem presas se não pagarem. A estratégia das instituições de microfinanças é saturar e devastar essas mulheres com processos judiciais. Mas uma onda de solidariedade à luta das mulheres contra o microcrédito está se expandindo em escala nacional e internacional. A Attac-CADTM Marrocos organizou, nos dias 10 e 11 de março de 2012, uma caravana nacional de solidariedade à luta das mulheres contra o microcrédito em Ouarzazate e, posteriormente, de 24 a 27 de abril de 2014, uma caravana internacional que percorreu várias localidades da região. Em cada etapa, as afetadas pelos microcréditos puderam expressar sua satisfação por receberem apoio externo, o que lhes permitiu sair de seu isolamento e se sentirem mais fortes e motivadas. Esta última caravana foi precedida pela organização de um seminário internacional de formação, realizado entre os dias 21 e 24 de abril de 2014, com o intuito de discutir as alternativas e as lutas que as mulheres podem levar a cabo contra os microcréditos e as dívidas[20] consideradas ilegítimas.[21]

19 "Solidarité avec les victimes des microcrédits de Ouarzazate", Attac-CADTM Maroc, 11 fev. 2014.

20 "Séminaire du CADTM Afrique 'Femmes, dette et microcrédit'", CADTM, 17 abr. 2014.

21 "Déclaration finale du Séminaire du CADTM Afrique 'Femmes, dette et microcrédit'", CADTM, 28 abr. 2014.

As mobilizações das afetadas pelo microcrédito e as diversas formas de solidariedade com sua luta possibilitaram a absolvição de Amina Morad e Bennasser Ismaïni, em novembro de 2016, e também demonstraram como o microcrédito empurra ainda mais as famílias pobres, especialmente as mulheres, para a espiral infernal da dívida, da miséria e da criminalização em benefício das finanças.[22]

O microcrédito, entendido com base no marco das dívidas privadas ilegítimas, se transformou em um eixo de trabalho e de reflexão dentro da Attac-CADTM Marrocos e da rede mundial CADTM. Além da solidariedade e do acompanhamento das lutas das afetadas pelo microcrédito de 2011 a 2015, a Attac-CADTM Marrocos realizou e publicou um estudo sobre o sistema de microcrédito no país.[23]

Na África, e segundo um estudo interno das organizações da rede CADTM, a expansão das instituições de microfinanciamento remonta a princípios dos anos 1980 e 1990 e se dá em paralelo à aplicação dos programas de ajuste estrutural e a seus efeitos negativos sobre o nível de vida da população. Os empréstimos vão de 25 mil a 5 milhões de francos CFA, ou seja, de 38 a 7,5 mil euros. Os tipos de juros podem variar de 0,5% (República Democrática do Congo), nas instituições solidárias, até 84% no caso dos juros de tipo bancário (no Gabão, o tipo máximo de juros está fixado em 50%). A média parece estar entre 20% e 25%. Mas os clientes, que costumam ser analfabetos, com frequência acabam assinando os empréstimos sem nenhuma explicação sobre o montante do crédito, o cronograma/calendário de pagamento ou a taxa de juros. Inclusive, nem sempre recebem os contratos. As mulheres são o primeiro objetivo das instituições de microfinanças e representam a maioria da clientela (mais de 80% na Nigéria). São elas que

22 "Acquittement pour les deux inculpées du procès microcrédit a Ouarzazate", CADTM, 4 dez. 2016.

23 Attac-CADTM Maroc, *Le microcrédit au Maroc: quand les pauvres financent les riches. Étude de terrain et analyse du système du microcrédit.* Rabat/Túnis: Attac-CADTM/Rosa Luxemburg Stiftung, 2017.

assumem as tarefas reprodutivas na família (saúde, escolarização dos filhos, alimentação) e as que sofrem mais especificamente com os problemas trazidos pelo microcrédito: altos juros, perda de bens materiais e imobiliários, aumento dos níveis de pobreza, dificuldades de reembolso em condições de vida precárias, altas taxas de analfabetismo, endividamento cruzado, assédio das instituições de microfinanças etc.

No subcontinente indiano, dos 65 milhões de pessoas que estão no sistema de microcréditos, 90% são mulheres. Depois de uma série de reuniões no Sri Lanka com as afetadas pelo microcrédito e com ativistas que as defendem, a delegação do CADTM reuniu uma série de testemunhos assustadores.[24] As mulheres que utilizaram os microcréditos o fizeram para cobrir necessidades básicas como moradia, acesso à saúde, educação etc. Em todos os casos, elas se veem obrigadas a recorrer a um segundo e terceiro empréstimos, contraídos na maioria das vezes com prestamistas locais, para seguir pagando o primeiro. As condições dos microcréditos são tão abusivas que impossibilitam o reembolso normal. Em Bangladesh, um dos países onde o microcrédito está mais desenvolvido, de uma população de 160 milhões de habitantes, em 2015, foram concedidos microcréditos a 29 milhões de pessoas por uma quantia média de 200 euros (17 mil takas, a moeda de Bangladesh). Mais de 80% dos tomadores de empréstimos são mulheres. A taxa de juros real varia entre 35% e 50%. A dificuldade para pagar o reembolso dos microcréditos é um fator bastante considerável de estresse e humilhação para as pessoas endividadas.[25] Desde 1995, foram notificados mais de trezentos mil suicídios.[26]

---

24 "Témoignages accablants sur les abus du microcrédit", CADTM, 18 abr. 2018.
25 "Sortir du cercle vicieux de la dette privée illégitime au Sud de la planète", CADTM, 19 abr. 2017.
26 "La lutte contre la dette et le microcrédit s'organise en Asie du Sud", CADTM, 27 mar. 2017.

A PANDEMIA DO CORONAVÍRUS AGRAVA A SITUAÇÃO DAS AFETADAS PELO MICROCRÉDITO

A pandemia do coronavírus e as condições do isolamento aumentam o desemprego, a perda de postos de trabalho, a escassez das fontes de renda, a precariedade e os preços dos alimentos e dos serviços básicos. Crescem as demissões em massa de trabalhadores, bem como a quebra de microprojetos e de outras pequenas atividades de subsistência. Na maioria dos lares da classe trabalhadora, há um esforço para satisfazer as necessidades básicas diárias ao mesmo tempo que seus gastos para a proteção contra a covid-19 aumentam, já que o sistema de saúde pública está desmantelado depois de décadas de políticas liberais favoráveis ao setor privado. A situação social é desesperadora e catastrófica para os sobre-endividados. Há uma grande pressão psicológica e o assédio das instituições de microfinanças, que exigem o pagamento das parcelas mensais de seus empréstimos e ignoram os pedidos de prorrogação. O Estado marroquino estabeleceu uma ajuda temporária, durante um período de três meses e meio (até 30 de junho de 2020), de 2 mil dirhams (cerca de 190 euros) para aqueles que perderam o emprego por causa da covid-19, sob a condição de que estivessem filiados à Caisse Nationale de Sécurite Social [Caixa nacional de segurança social]. No entanto, a maioria dos trabalhadores do setor privado não se beneficiarão dessa modesta quantia, porque não estão registrados.[27] No setor agrícola, por exemplo, o número de trabalhadores registrados é de cerca de 30% de um total de mais de 900 mil. Os que trabalham no setor informal, afetado pelo coronavírus, também se beneficia-

27 O salário mínimo legal bruto no Marrocos na indústria e nos serviços é de 2.828 dirhams (269 euros), e na agricultura, de 1.994 dirhams (190 euros), o que é muito baixo em comparação com o custo de vida, estimado em 5 mil dirhams (476 euros) pelos sindicatos já há alguns anos.

ram de um subsídio temporário de 800 dirhams (76 euros) para casas com duas pessoas ou menos, mil dirhams (95 euros) para aquelas com três ou quatro pessoas, e 1.200 dirhams (114 euros) para lares com mais de quatro pessoas.

Essas ajudas temporárias são consideravelmente insuficientes, tendo em vista a magnitude das consequências da pandemia. Pelo menos um milhão de trabalhadoras e trabalhadores perderam o emprego, e outros milhões do setor informal ficaram sem meio de subsistência. Ademais, antes da pandemia, o Marrocos já estava mal classificado nos relatórios de várias instituições internacionais, entre elas o Banco Mundial, no que diz respeito a desenvolvimento humano, renda per capita, índice de pobreza etc. No último relatório do Programa das Nações Unidas para o Desenvolvimento (Pnud),[28] o Marrocos estava na 121ª posição entre 189 países no índice de desenvolvimento humano, e em 118º no índice de desigualdade de gênero. A intensidade da privação e da carência alcançou 45,7% da população (de um total de 35 milhões de habitantes).

A Attac-CADTM Marrocos organizou uma campanha de sensibilização para exigir a prorrogação do pagamento das parcelas de microcrédito por um período mínimo de seis meses, renováveis e com isenção de todos os juros. Também exigiu uma indenização pelo menos igual ao salário mínimo legal, em benefício das afetadas pelos microcréditos cujos projetos foram encerrados ou que perderam o emprego.[29] A Federação Nacional de Associações de Microcrédito declarou a prorrogação dos reembolsos das parcelas de microcrédito para os clientes que o solicitassem e para aqueles cuja atividade tivesse sido afetada pela emergência sanitária.[30] Mas, na verdade, as instituições de microfinanças assediam

28 Pnud, *Relatório do Desenvolvimento Humano 2019*. Nova York: ONU, 2019.

29 "Appel Maroc : Pour la suspension du paiement des microcrédits pour une période de 6 mois renouvelable avec exonération de tous les intérêts", Attac Maroc, 29 mar. 2020.

30 Comunicado de imprensa da FNAM, 3 abr. 2020. Disponível em: https://fnam.co.ma/wp-content/uploads/2020/04/Communiqué_Ar_Fr.pdf.

constantemente as afetadas, tentando impor novos empréstimos para que reprogramem sua dívida. As afetadas estão passando por uma situação de terrível angústia, em um contexto em que a maioria perdeu suas fontes de renda. Hoje não existe nenhuma forma de organização para as afetadas pelo microcrédito no Marrocos. A Associação de Assistência Popular para o Desenvolvimento Social deixou de existir em 2016, debilitada pela repressão do Estado e pelas represálias das instituições de microfinanças. A Attac-CADTM Marrocos tenta, mediante um esforço educativo e militante e um compromisso de solidariedade, reforçar a confiança das afetadas em sua capacidade coletiva para lutar contra o microcrédito quando decidem se organizar em uma estrutura de nível nacional.

Em outros lugares, estão sendo criadas associações de mulheres contra o microcrédito. No Senegal, por exemplo, a Réseau Droit au Développement pour d'autres Alternatives [Rede de direito ao desenvolvimento de outras alternativas] (Reda), membro do CADTM desde 2016, e o Carrefour de la Solidarité [Cruzamento da solidariedade] estão fomentando alternativas ao microcrédito outorgado pelas instituições de microfinanciamento. São coletivos promovidos quase exclusivamente por mulheres que reivindicam uma política de empréstimos sem juros. Outras alternativas, como as *tontinas*, isto é, as caixas de poupança autogeridas por mulheres, também estão ocupando o seu lugar. Baseiam-se no princípio da doação (dinheiro ou produtos como tecidos ou joias são dados àqueles que precisam) e da igualdade (todos os membros têm direito de voto).

A trágica situação das camadas mais pobres da população, provocada por seu endividamento bancário nesse contexto de crise do coronavírus, em um momento em que uma minoria de especuladores do setor financeiro está enriquecendo, torna esses empréstimos ilegítimos. Isso se soma ao fundamento jurídico da ilegitimidade dos contratos em decorrência de ações enganosas, como o consentimento resultante da fraude e o produzido pela coação (quando necessário), e a não comunicação ou a omissão das condições presentes nos contratos e da taxa de juros efetiva, além do abuso da situação de desamparo, de falta de conhecimentos e de inexperiência dos tomadores de empréstimos.

Tudo isso requer ampla mobilização cidadã para investigar as diferentes formas de abuso cometidas pelas instituições de microcrédito/microfinanças, mas também aquelas vinculadas aos créditos para consumo nos lares pobres, com vistas a examinar as bases ilegítimas e ilegais que possam promover a abolição de tais empréstimos, como reivindicado pela Attac-CADTM Marrocos e pela CADTM Internacional.

É fundamental exigir a instauração de um sistema de empréstimos públicos sem juros e a socialização do setor bancário. É essencial se mobilizar para exigir a auditoria e o cancelamento das dívidas públicas ilegítimas que saqueiam a riqueza dos países, reforçam nossa dependência alimentar e generalizam as políticas de austeridade.

11

RUMO A UM SINDICALISMO IMIGRANTE E FEMINISTA CONTRA A DÍVIDA

Rafaela Pimentel
Constanza Cisneros
Amalia Caballero
Pastora Filigrana
Myrian Espinoza
Lotta Tenhunen
Marta Malo
Luci Cavallero
Verónica Gago

A rede transnacional La Laboratoria promoveu uma série de oficinas coordenadas por Marta Malo com o objetivo de discutir formas possíveis de sindicalismo feminista, partindo das realidades de múltiplas redes de trabalho visibilizadas por uma perspectiva feminista. Como o endividamento atua sobre elas? O que significa a atividade sindicalista, levando em consideração essas trajetórias e confrontando o domínio financeiro exercido sobre as vidas precárias? O texto a seguir registra a conversa com Territorio Doméstico, organização pioneira de trabalhadoras domésticas imigrantes, localizada em Madri, e com a advogada sindicalista e militante do feminismo cigano, Pastora Filigrana, em Andaluzia,

Espanha. Estiveram também presentes Myrian Espinoza e Lotta Tenhunen, da plataforma contra despejos PAH-Vallekas, do bairro de Vallecas, em Madri.

MARTA Quando discutimos, em La Laboratoria, essa linha de pesquisa sobre sindicalismo feminista, consideramos que esta não poderia agir apenas no âmbito do trabalho, porque todas sabemos, como feministas, que nos extraem valor e submetem nossa capacidade de criar e de produzir através da relação salarial, quando nos contratam, mas que há muitas outras formas de fazê-lo. Endividar-nos é uma forma de nos submeter, e por meio da qual nos obrigam a continuar trabalhando de determinada maneira, sem que possamos dedicar nossa energia a outra coisa. Então, se é assim, de que tipo de sindicalismo precisamos para gerar capacidade de autoproteção nesse terreno, e capacidade também para pressionar e obter conquistas? O convite tem a ver com conversar sobre o sindicalismo por essa perspectiva, como ferramenta que nos ajude a nos proteger em grupo, a garantir um mínimo de reprodução e a conquista de outras coisas.

VERÓNICA Gostaríamos de começar contando-lhes o trabalho realizado em torno do livro *Uma leitura feminista da dívida*. Trata-se de um livro pensado por nós como um conjunto de pistas para entender o funcionamento do sistema financeiro com base em situações concretas. Partimos da seguinte pergunta: qual é a especificidade deste momento, no qual o sistema financeiro parece se estender de maneira totalmente inédita? Isto é: o sistema financeiro, as dívidas, os créditos sempre existiram, mas a novidade deste momento é seu alcance, abarcando setores, populações, territórios e economias antes "excluídos" porque não reuniam os requisitos tradicionalmente exigidos para serem sujeitos de crédito: não eram "confiáveis" para os bancos. A pergunta é, então: por que o sistema financeiro começa a considerar rentável, ou seja, começa a considerar a possibilidade de extrair lucro de trabalhadores informais, intermitentes, migrantes, enfim, de todo esse conjunto de trabalhadores precários que não possuem um salário estável para oferecer como garantia em troca de um crédito? Vemos uma reformulação do sistema financeiro e sabemos que ela não é fortuita nem inocente: que valor se extrai de populações que, ao mesmo tempo, são caracterizadas como populações pouco confiáveis (não se sabe se pagarão, não têm comprovante de salário nem título de propriedade para oferecer como garantias, não possuem histórico nos bancos e muitas vezes carecem de documentação mínima)? Essa situação, aparentemente paradoxal, é a primeira a gerar suspeita. Ao mesmo tempo, vemos novas instituições financeiras que não parecem bancos, que se valem de fórmulas tais como "dinheiro já", "crédito fácil", "crédito imediato" etc. Melhor dizendo: são instituições financeiras que permitem que os bancos já não sejam apenas sucursais à moda antiga, tal como os conhecemos, mas que o próprio sistema financeiro se reinvente através dessas novas estratégias e desses novos instrumentos e formatos. A linguagem com que se propagandeiam é justamente esta: as finanças se aproximam dos bairros, das estações de metrô, das estações de ônibus, das feiras, inclusive das escolas. Esses postos financeiros, que são muito menores que os bancos, ficam agora ao alcance das mãos, estão muito mais acessíveis e oferecem dinheiro muito rápido.

Ao mesmo tempo que falam em prover acessibilidade, não deixam de dizer que estão oferecendo dinheiro a uma população pouco confiável, e essa caracterização é um argumento político para a cobrança de altas taxas de juros: "empresto, mas, como assumo um risco grande ao fazê-lo, em troca você terá que pagar juros muitíssimo altos". Essas formas de pagamento com juros brutais, porém, são muito maiores do que a média e estão disfarçadas, porque seu pagamento é semanal ou diário, como na Colômbia, onde há uma forma de crédito que se chama "gota a gota". Esses altos juros são dissimulados, pois o montante enorme da soma final inflada por eles é bastante fragmentado em diversas parcelas, tornando o pagamento aparentemente acessível. Apenas quando fazemos a conta de quanto acabamos pagando ao longo do tempo é que se percebe o golpe. No entanto, mesmo que as pessoas estejam cientes da armadilha, é por esse meio que conseguem acessar o dinheiro. Isto é, mesmo sabendo que se pagará o dobro ou o triplo do que foi emprestado, essa é a única forma de ter acesso ao dinheiro quando necessário. Portanto, há também uma considerável ambiguidade nessas formas financeiras, porque elas produzem efetivamente uma proximidade com o dinheiro para muitas pessoas às quais os bancos nunca chegarão e, além disso, o fazem *de imediato*, no momento da urgência. Temos aí, insisto, uma ambiguidade fundamental sobre a qual se estrutura o que chamamos de "exploração financeira".

Há exploração financeira e podemos *mensurá-la* através desses juros altíssimos. De modo mais geral, as finanças exploram a necessidade de dinheiro, e isso nos leva a pensar politicamente: como se produz a situação pela qual se torna obrigatório contrair crédito? Trata-se de retroceder passo a passo e afirmar o seguinte: não é natural que, para a vida cotidiana, para os gastos mais básicos, precisemos pedir dinheiro emprestado. É necessário primeiro *produzir* a situação de empobrecimento generalizado que implica que, mesmo quando se tem um salário ou outras formas de renda, estes não sejam suficientes para a reprodução cotidiana. Só então é que o capital financeiro ou as mencionadas instituições financeiras podem se expandir para os setores mais precários e transformar a contratação de crédito em um ato obrigatório e compulsivo para sustentar a vida cotidiana. É nesse sentido que propomos pensar o aparato financeiro como uma *lógica extrativista*. Em geral, sempre se pensa no extrativismo como algo vinculado aos recursos naturais, sobretudo no "Terceiro Mundo". Acreditamos que uma imagem potente para compreender e discutir as finanças é que justamente estas são também um aparato de captura e de extração de nossas energias, e não necessariamente se vinculam a um único tipo de trabalho.

Um ponto importante é a relação entre dívida e trabalho, para retornar à noção de *exploração financeira*. Quando nos endivida, o sistema financeiro nos obriga a aceitar qualquer tipo de trabalho precário, inclusive a arranjar dois ou três empregos, porque temos a obrigação de pagar o que devemos. Dessa maneira, a obrigação da dívida se converte em uma garantia de superexploração: não ter trabalho fixo é uma possibilidade, mas a dívida e seu vencimento são certos, e isso leva a uma precarização permanente — a dívida se torna motor interno da precarização.

Além disso, o horizonte da dívida é o futuro. Esse futuro em que sabemos que estaremos endividadas obriga-nos a aceitar condições cada vez mais duras e mais precárias de trabalho. A dívida organiza formas de precarização do trabalho agora e no futuro e, sobretudo, obriga-nos a ter um salário e estar endividados. Antes pareciam realidades distintas; caso se tivesse um salário, contraía-se dívida para, talvez, comprar ou reformar uma casa ou consumir algo extraordinário ou ainda fazer uma viagem. Agora, a dívida, e esta é outra de nossas hipóteses, *coloniza* o território da reprodução social, do dia a dia, da vida cotidiana. Na Argentina, a pesquisa que fizemos nos últimos anos mostra que a dívida — especialmente a das mulheres — é utilizada para comprar alimentos e medicamentos, para pagar o aluguel e serviços domésticos. Dizemos que a dívida não é em absoluto algo extraordinário, trata-se de *dívida para viver*. Chamamos essa situação em que nos encontramos atualmente de *colonização da reprodução social pelo sistema financeiro*. É uma forma de sujeição política que implica também uma economia anímica particular: estar nervosa, ansiosa, não poder dormir, ficar preocupada e de mau humor, e todas essas formas de sofrimento psíquico trazidas pela dívida.

Assim, se falamos de exploração financeira, o que se explora concretamente? Explora-se a nossa energia vital. Explora-se nossa imaginação sobre quais ocupações inventar para trabalharmos mais e termos acesso a mais renda. Exploram-se os laços sociais de solidariedade, de famílias, de vizinhos, e que acabamos incorporando em nossa própria vida. Explora-se nosso tempo futuro, porque a dívida restringe o que podemos fazer agora.

A dívida explora o trabalho intermitente, informal, da economia popular, mas também pode explorar — e isso acontece muito aqui — a economia ilegal. Isto é, para alguém que precisa pagar uma dívida, é mais fácil e rápido, obviamente, participar de modalidades de economia ilegal como maneira de cumprir com sua obrigação financeira. Assim, a dívida se estabelece como uma espécie de patrão ou chefe de toda essa multiplicidade de trabalhos (formais ou não, legais ou não, assalariados ou não), e a única coisa que importa a ela é ter o dinheiro na data de vencimento. Essa capacidade de articulação e de exploração de uma multiplicidade enorme de trabalhos é algo que o endividamento também faz com maestria e que se adapta muito bem a este momento.

LUCI Quero ilustrar as perguntas feitas por Marta. Como seria um sindicalismo feminista que levasse em consideração essas questões do endividamento? Falarei da experiência que construímos na Argentina e compartilharei algumas questões básicas sobre as quais posso agora pensar em retrospecto. Começo com um exemplo: na Argentina, o subsídio para mães se transformou, durante o governo de Mauricio Macri (2015-2019), no veículo para a forma mais estendida de endividamento. Isto é, 97% das mulheres que recebem o que aqui se chama de Asignación Universal por Hijo (AUH) estão endividadas com o órgão estatal que outorga esses subsídios, aqui chamado de Administración Nacional de la Seguridad Social (Anses), que gere os fundos previdenciários. Isso significa que esse subsídio se torna mais um subterfúgio para a contratação de dívida do que um modo de garantir os meios de subsistência para aquelas que o recebem. Apesar de sua extensão, esse problema não era visto como prioridade na agenda pública. Hoje em dia, no contexto da pandemia, quando se fala de dívida doméstica, utiliza-se o vocabulário que nós, dos movimentos feministas, criamos.

A dívida funciona como um modo silencioso de saqueio ou de apropriação privada da crise, e é, como dizia a Vero, um mecanismo de extração, de sujeição e de captura dos trabalhos, dos esforços e das energias que despendemos, sobretudo as mulheres, as lésbicas, as travestis, para sobreviver e para trabalhar na crise. A pergunta, então, é: como nos organizamos?

Esse problema, na Argentina, tornou-se uma reivindicação do movimento feminista. "Queremos permanecer vivas, livres e desendividadas" e "A dívida é conosco" se tornaram as palavras de ordem com as quais marchamos nas últimas três greves internacionais de mulheres, lésbicas, travestis e trans. Como chegamos a essas palavras de ordem? Em primeiro lugar, no governo de Macri, a Argentina se endividou como nunca antes em sua história; de fato, somos o país que mais deve ao FMI. O plano de ajuste exigido por essa organização se traduziu em pobreza para uma ampla maioria da população, e afirmamos que, além disso, se traduziu na obrigação de se endividar para viver. Denunciamos esse ponto em 2017, às portas do Banco Central, levando ao espaço público uma bandeira com as palavras de ordem: "Queremos permanecer vivas, livres e desendividadas". O que dizíamos ali era que o processo de endividamento externo estava diretamente vinculado à "capilarização" da dívida doméstica, e que essa dívida se dirigia especialmente às donas de casa pelo seu papel no sustento das economias domésticas durante a crise (aqui, dizemos: "fazer malabarismos para viver e pagar as dívidas").

Essa violência da dívida está diretamente vinculada a ter de permanecer em um lar violento porque se está presa a uma obrigação financeira. Por isso, o que acredito que fizemos para transformar o endividamento da vida cotidiana em um problema prioritário no debate público tem a ver com as instâncias de organização do movimento feminista, as quais nos permitiram politizar o âmbito doméstico e nomeá-lo como um lugar onde há exploração, onde há opressão. A partir daí, pudemos mostrar qual era a função da dívida nessa esfera. Por outro lado, é muito importante o papel do sindicalismo feminista, por sua capacidade de estabelecer conexões e repensar o que é a exploração e o que é o conflito. Nas assembleias e nas instâncias de organização, começamos a construir esse nexo com a dívida, a nos perguntar como o endividamento está conectado com as distintas formas de trabalho. Aqui também chegamos a outro ponto: o sindicalismo feminista é um sindicalismo de múltiplos territórios. Foi assim na Argentina, o que nos permitiu entender como a dívida atua de forma diferente em cada território. E quero destacar como participar desse processo político feminista e transversal dos últimos anos nos levou a pesquisar a maneira como o endividamento aterrissa de forma particular em cada território. As mulheres camponesas, por exemplo, nos contaram que seu endividamento está associado à produção com agrotóxicos.

Debater a dívida com base na organização feminista implicou, como eu dizia, redefinir o conflito trabalhista e as formas de exploração, e em função disso ampliar as alianças que tecemos. Pudemos, de alguma maneira, nessas instâncias e conexões estabelecidas entre distintos territórios em luta, mapear formas de conflito relacionadas à financeirização da vida cotidiana. Estamos em conflito porque não podemos, por exemplo, pagar nossas dívidas de aluguel ou ter acesso às moradias disponibilizadas pela urbanização da cidade de Buenos Aires, para as quais há um processo de titularização de moradias por dívida.

Outra ação fundamental, como dizia a Vero, é pensar concretamente em quem se endivida. Não se trata de um ordenamento universal: na verdade, o endividamento implica um ordenamento vinculado a critérios sexuais e raciais. Além disso, nem todas nós nos endividamos com as mesmas entidades, nem todas pagamos a mesma taxa de juros e, sobretudo, nem todas sofremos os mesmos processos de espoliação que levam ao endividamento. O feminismo também nos possibilitou pensar que as finanças têm corpo, gênero e raça, e não afetam a todos igualmente.

MYRIAN É surpreendente o que acontece todos os dias. Vemos com nossos próprios olhos, mas, até chegar a essa reflexão, não percebemos quão grande é o problema. Quero pensar sobre o que desejamos com o sindicalismo feminista e, mais concretamente, com relação à dívida: qual seria a demanda, a reivindicação? Queremos lutar por salários melhores para não termos de nos endividar? Queremos acesso a esses créditos, mas pagando menos juros? E por último: queremos ter acesso ao crédito, mas com mais proteção do Estado? Penso nessas três perguntas relacionadas à seguinte: o que posso exigir para não entrar de cabeça nessa situação?

CONSTANZA Como morei muitos anos na América Latina, sei que lá a vida é uma crise cotidiana permanente. No entanto, vejo que aqui na Europa também existe o Sul global. Com isso quero me referir ao que acontece conosco, mulheres imigrantes; o que acontece conosco, trabalhadoras domésticas; e o que acontece com as companheiras que não possuem documentação. Há uma semana procurávamos um banco. Queríamos abrir uma simples conta para um projeto que estamos tentando concretizar, mas não nos ofereceram nenhuma possibilidade. Em janeiro de 2020, as diretrizes mudaram; ou seja, já não é possível.

Na América Latina, há possibilidades através das cooperativas, que funcionaram em certa medida. Retomo as perguntas feitas pela companheira: qual é exatamente o conflito? O que exigiremos? É preciso definir exatamente o que queremos. Não estamos pedindo que os governos sejam mais paternalistas — não acredito que seja esse o princípio de qualquer economia feminista. Questiono-me a respeito de algumas coisas sobre as quais não havia pensado e que havia esquecido: viver sempre em dívida nos sufoca. Não se pode depender eternamente da caridade, mas as pessoas já não têm nenhum pudor em ir às igrejas e pedir. Ou seja, chegamos a uma condição terrivelmente miserável.

MARTA Perguntava-me até que ponto esses mecanismos de endividamento estão estendidos aqui. O endividamento para migração é muito claro, não? Muitas vezes, os que emigram já chegam com dívida para pagar, mas creio que o território europeu está muito relacionado aos mecanismos de caridade, incluindo sua parcela de humilhação, quando se precisa entrar em uma fila, quando é necessário esperar, quando se é vista como alguém carente e sem capacidades.

RAFAELA Fiquei pensando em como isso se relaciona com o trabalho. Quando temos de nos endividar permanentemente, vemos como cada vez mais é necessário ter vários trabalhos para chegarmos a um mínimo de renda, ou aceitar trabalhos em condições miseráveis. Penso em tudo isso com relação à dívida. A lógica que nos vem à mente, mais ainda a nós, mulheres, é que somos nós realizando muitos trabalhos. Se repararmos bem são todos precários, os salários são baixos, e desenvolvemos problemas de saúde, porque passamos todos os dias calculando se entregaremos o que temos de entregar, além de passar a noite em claro, porque não sabemos se, no dia seguinte, seremos despedidas, já que esses serviços são temporários. E nos endividamos por questões básicas: para pagar o aluguel, para arcar com as contas quando um familiar vai ao hospital. Nesses casos de urgência, não recorreremos ao crédito? Claro que sim, porque o que está em jogo é a vida de uma pessoa.

O que temos de exigir são empregos com condições adequadas e uma vida igualmente adequada, porque é possível que nos paguem um salário mínimo, o que não resolve o problema. Como disse Constanza, quando você perde o emprego, fica sem nada, é aqui que entra a dívida. Então, creio que devemos falar da vida. Não podemos ficar como estamos agora, trabalhando excessivamente para viver, enquanto o custo da moradia e da comida aumenta. Precisamos pagar pela educação, pela saúde, por certos trâmites... Enfim, temos de pagar por tudo. Como dizia Luci, quando recebemos ajuda, por exemplo o subsídio para as trabalhadoras domésticas, o que isso nos traz? Significa um auxílio de 70% de seu salário, e já estamos ganhando 30% menos.

Acredito que o sistema tenha tudo sob controle. Por exemplo, quando você atrasa o pagamento por dois ou três dias aqui na Espanha, o banco já te cobra 35 euros. É um grande negócio. Eles sabem bastante bem que há muitas pessoas dos grupos formados por eles mesmos que vão atrasar porque não conseguem pagar as dívidas a tempo. Há um sistema em que cada vez que se é promovido no trabalho, aumentam a luz, aumentam o gás, aumentam a água, aumentam tudo. Então, é como jogar água em um poço sem fundo. Por mais água que joguemos, ele nunca enche.

PASTORA Quando estourou a crise da covid-19, seguida do estado de alerta declarado pelo governo espanhol, começou-se a legislar sobre direitos sociais e surgiu a seguinte questão: o que acontecerá com os aluguéis? E com aqueles que contraíram um crédito para abrir um pequeno negócio? A primeira coisa percebida foi que a solução proposta pelo governo para sairmos dessa crise econômica empobreceria uma grande quantidade de pessoas, sobretudo as que ocupam os degraus mais baixos da hierarquia social, sabidamente racializadas e feminizadas, porque o que estava em jogo era o endividamento das economias privada e familiar. A briga é pela suspensão dos aluguéis para as pessoas cujas fontes de renda foram afetadas pela crise da covid-19, mas só nos é concedida a moratória. O que o governo oferece, e espera que aceitemos, é que a dívida que as pessoas venham a contrair com os bancos tenha juros baixos. Aqui tudo mudou: trata-se de uma legislação nova — é como se eu tivesse de começar a advogar amanhã em outro país. Bem depressa, deparei com tudo o que foi abordado pelas companheiras e com as tentativas de reduzir o conflito sindical e as lutas sociais. É preciso trabalhar, e a margem para o protesto se estreita cada vez mais até que finalmente você acaba sendo transformada em um elemento de controle social. O debate atual é: que protestos concretos articulamos diante de tudo isso? Pedimos salários melhores? Justamente ontem estávamos discutindo o seguinte: cabe a nós dizer que "enfrentaremos o turismo", ou o que queremos de verdade é que se controle o preço da moradia? Porque aqui muita gente trabalha com o turismo e come graças a ele. Somos basicamente garçonetes de turistas alemães. Como se articula a reivindicação? O que pedimos? Que os turistas não venham? Pedimos que se limite o preço da moradia e que haja regulações? Ou exigimos aumentos salariais? Garantia de uma renda básica universal? Em que sentido devemos orientar as demandas? Creio que o neoliberalismo tenha previsto que aquilo que as companheiras nos contam sobre a Argentina um dia chegaria à periferia europeia, e que demoraria cinco anos em seus cálculos; graças à covid-19, demorará cinco meses. Acredito que devamos pensar na articulação de lutas e estratégias comuns, de reivindicações e propostas. Não acredito em um discurso homogeneizador, claro. Mas o que elas contam vem do futuro.

MARTA Gostaria de acrescentar a responsabilidade familiar à lista de todas essas coisas que nos obrigam ao endividamento, como mencionou Luci. Aceitar qualquer trabalho e concordar com qualquer dívida, independentemente da taxa de juros, tem também muito a ver com ser responsável não apenas por si mesmo, mas também por várias pessoas em situação de vulnerabilidade.

LOTTA A partir de 2013, a Sareb — o banco de ativos tóxicos criado pelo governo espanhol [ver cap. 5, p. 61-72] — se coloca em evidência e absorve progressivamente todas as casas que ficaram vazias ou que nunca haviam sido ocupadas. Nossa luta consiste em dizer que o endividamento público se traduz em cortes de direitos e recursos públicos, e que daí só sairá mais endividamento privado. Agora, a Sareb entrou em outra fase: a venda de carteiras gigantes vinculadas a essas moradias. Mas cabe a nós perguntar novamente: por que nos endividamos? Porque não temos acesso à moradia, à saúde, à educação ou, diretamente, a subsídios monetários quando precisamos. Acho que o caso da Espanha foi brutal. Em pouco mais de uma década, houve uma imensa derrocada de direitos.

MYRIAN Tentarei resumir um pouco da minha experiência. Quando recorremos à Plataforma de Afectados por la Hipoteca, foi porque, um dia, tivemos a ilusão de que era possível ter uma casa através da dívida e do trabalho, desde que se fosse responsável e se pagasse o banco. Depois de quinze anos, você percebe que era apenas uma ilusão, uma emboscada. Por sorte, vamos encontrando gente solidária pelo caminho, sobretudo mulheres. Como mulheres, já nascemos com uma responsabilidade que nos foi dada, porque entendemos que os cuidados de um familiar ou de um filho são responsabilidade nossa. Quero que seja posto na balança o que a sociedade exige de nós, e quero que isso se reflita no sistema financeiro que impacta minha própria sobrevivência. Como consegui-lo? Como deixamos isso pronto para as próximas gerações de mulheres?

PASTORA Agora, vê-se que créditos são oferecidos para pagar o aluguel. Até então, no imaginário, o crédito servia para ter acesso a uma hipoteca, o que é igualmente abusivo, mas ao menos existia a promessa de que "algum dia isto será seu e de suas filhas, de seus filhos". O endividamento específico para o aluguel serve exclusivamente para isso. É oferecido com taxa de juros baixa, com auxílios e garantias do governo, mas no fim das contas você precisa se endividar. Ou seja, você tem de pagar seu aluguel ao banco, além das dívidas pregressas.

RAFAELA Eu acho muito interessante começarmos a refletir juntas a partir da pergunta "para que nos endividamos?". Falar, por exemplo, dessas dívidas que muitíssimas mulheres imigrantes, como nós, contraem e que estão relacionadas a cadeias globais de cuidado: dívidas que contraímos quando deixamos diferentes países, quando chegamos a lugares desconhecidos, em busca de uma vida melhor. Mas você chega e se vê imersa no caos de conseguir um trabalho; e, então, não nos damos um tempo para falar a respeito. Temos a dívida, e continuamos com ela porque deixamos para trás outras mulheres cuidando de nossos familiares. Continuamos nos endividando para lhes enviar dinheiro, para que tenham tratamento adequado quando estão doentes, porque já sabemos como está a saúde nesses países. Precisamos também resolver sua situação habitacional, se serão despejados, se terão de comprar ou alugar uma casa.

Com relação à responsabilidade familiar, como dizia Marta, há também o fator emocional. Os responsáveis pelo problema são muito astutos, porque sabem que, como disse Vero, as mulheres são a garantia de que, no fim, tudo ficará bem, porque somos nós que pagamos. Os homens também são responsáveis pela família, mas o que ocorre conosco, ou com muitas latino-americanas como nós, é que nos encarregamos das responsabilidades. Assim acontece com os cuidados, não? "Vamos fazer por amor porque, obviamente, do contrário não seríamos boas mulheres." Se você não se dedica aos cuidados, e não os faz com esmero, não se dedica aos seus filhos, significa que você é uma "mulher ruim". Ou seja, aqui temos esses imaginários e todas essas coisas inculcadas em nós. Outro ponto que eu gostaria de mencionar são os acordos para a concessão de crédito às mulheres, para que elas se tornem empresárias e bem-sucedidas nos negócios. Dessa forma, passamos a ser falsas autônomas.

Há também o tema das alianças, com o qual trabalhamos muito. Outro dia, vimos como as trabalhadoras da limpeza de um dos maiores hospitais de Madri eram as companheiras que estiveram na linha de frente com o trabalho essencial. E justamente agora querem demiti-las. Percebemos que era importante apoiar essas companheiras. Elas, que limpam o hospital, muitas vezes estão limpando também casas ou trabalhando em hotéis para fazer salário. Temos de contemplá-las e saber qual será nosso discurso e nossa luta, pois, quando lutamos pelos direitos das trabalhadoras domésticas, sabemos que isso não significa apenas lutar pelos direitos desse segmento. Queremos que haja um reconhecimento social do trabalho que fazemos, o que significa direitos não somente para nós, mas para todas, porque nosso desejo é que tudo se reestruture.

MARTA Relacionando o que disse Rafaela a esse plano esboçado por Vero, e continuado por Pastora, penso que talvez devêssemos nos mover em um horizonte triplo: um relacionado à demanda concreta, outro ao horizonte a que aspiramos, e que não é uma ilusão ou uma emboscada, como mencionou Myrian, e pensar também quais práticas podem nos ajudar nesse percurso. Creio que devemos ir ao ponto mencionado por Luci, o momento do endividamento. O endividamento opera, no fim das contas, como um mecanismo que submete e produz obediência em contextos de máxima vulnerabilidade. Então, na verdade, nós nos protegemos do endividamento quando buscamos ser desendividadas. Vemos que há muitos mecanismos para salvar as empresas endividadas que quebram. Mas, quando nos endividamos como pessoas, não há mecanismo algum que nos salve dessa situação, e estamos, ao contrário, expostas a uma perseguição interminável de entidades financeiras, as quais, além do mais, vendem as dívidas entre si e possuem mecanismos para dar continuidade à perseguição. Então, que rumo tomar? Eu apontaria mais na direção da proteção: assim como se resgatam as empresas, por que não resgatamos as pessoas? E, depois, buscaria alimentar o desacato, a legitimidade de dizer: “Não pagarei a dívida”.

AMALIA Eu quero acrescentar que é verdade que já trazemos de nossos países uma dívida prévia, porque, para sair, para emigrar, muitas de nós nos vemos obrigadas a pedir empréstimos para obter um passaporte, para comprar uma passagem. E, depois, você finalmente chega, e o que acontece? Encontramos mil obstáculos e temos de continuar cuidando do que deixamos para trás, porque lá deixamos alguém que zela pelos outros enquanto nós os cuidamos daqui. Hoje nossa luta é pela associação e para poder brigar pela moradia, porque na pandemia muitos proprietários tentaram nos despejar por não termos uma garantia ou um salário digno. Muitas vezes temos de compartilhar a moradia com pessoas estranhas ou com familiares para pagar o aluguel. Também temos de pagar pela educação e pela saúde. Viemos com esperança, dizendo: "Bem, em um ano já terei conseguido pagar a dívida da viagem e poderei cobrir as necessidades que me tiram o sono em meu país, pagar a educação de meus filhos e poupar algum dinheiro para retornar", mas a realidade é muito diferente. Aqui tudo é muito difícil, e você se vê em uma situação de extrema vulnerabilidade e precariedade, se vê forçada a aceitar todos os trabalhos, sejam legais ou ilegais, e sempre se pergunta: "será que terei um contrato?". Você se vê desamparada. Por isso, é muito importante para nós, mulheres imigrantes, nos organizarmos. Quando você se organiza, sente e nota que não está sozinha nessa luta, que a luta não é apenas sua, que a batalha que você está enfrentando não é só sua, porque o mesmo problema atravessa a vida de todas as mulheres.

CONSTANZA Sabe o que não sai da minha cabeça? Nós, mulheres imigrantes, por sempre estarmos em crise e já chegarmos endividadas, assumimos a tal ponto que a dívida é nossa responsabilidade que nem sequer pensamos em compartilhar o problema. Ou seja, já nos apropriamos dessa crise como uma responsabilidade que deve ser paga com a nossa vida, especialmente nós, latino-americanas, que acreditamos ser esse o nosso destino. Isso é doloroso e interrompe os sonhos e a vontade de lutar. A proposta de um sindicalismo feminista é romper com o esquema assumido por nós e do qual custa sair.

LUCI Isto é interessante: pensar um sindicalismo feminista que assuma as culpas.

12

A TERRA, FONTE DE SUSTENTO E ESPAÇO DO FUTURO: LUTAR CONTRA A DÍVIDA FAZ PARTE DA LUTA PELA TERRA

Gladys Tzul Tzul

De acordo com Keeanga-Yamahtta Taylor (2018 [2020]), durante a crise financeira de 2008, nos Estados Unidos, 240 mil afro-estadunidenses perderam suas casas. Um exemplo disso é Detroit: em uma cidade que, certa vez, apresentou uma das taxas mais altas de moradia com proprietários negros, mais de um terço de famílias que contraíram um empréstimo entre 2004 e 2008 perderam seus lares por conta de execuções hipotecárias. A autora afirma que a explosão das lutas do #BlackLivesMatter [#VidasNegrasImportam] também tem uma importante relação com esses processos históricos de despejo de propriedades.

Seguindo as reflexões de Taylor, que analisa a pluralidade e a força das lutas afro-estadunidenses contra o racismo, a violência e a dívida, busco pensar a correlação entre as lutas pela terra, as dinâmicas de endividamento e as formas de despejo e despossessão em comunidades indígenas, na Guatemala, no período que se inicia depois dos denominados “Acordos de Paz”, em 29 de dezembro de 1996. Como e de que maneira se desenvolvem as dinâmicas de endividamento que espoliam terras ou bens familiares em comunidades indígenas? Que tensões e efeitos provocam entre as mulheres que organizam a reprodução da vida? Quais são e que contornos terão as lutas contra a dívida como forma de espoliação? Para este estudo inicial da dívida em terras comuns, analisarei dois territórios: Ixcán, no norte de El Quiché, e San Raymundo, na planície central da Guatemala. Para o estudo, entrevistei três mulheres (Rolanda García, Sandra Montejo e Sucely Puluc) que vivem nesses territórios.

1

As tramas comunais indígenas criaram historicamente suas instituições para a reprodução da vida. Menciono algumas delas, centrais na organização da vida comunal, mas enfatizo sobretudo a que se refere às dinâmicas e estratégias de poupança.

O *trabalho comunal*, isto é, essa instituição a partir da qual os *comuneros* criam força e energia social para produzir e transformar os meios de vida, é também o responsável por formar o sistema de autoridade comunal para administrar a vida política e construir horizontes éticos e de autorregulação. Uma segunda instituição é a forma deliberativa, através de assembleias, a partir da qual se tomam as decisões que afetam a vida coletiva e os bens comuns; essa instituição se relaciona, por sua vez, com o trabalho comunal. Uma terceira seriam as estratégias de poupança, instituições orgânicas nas tramas comunais indígenas, porque, nas unidades de reprodução, a poupança é uma prática histórica e cotidiana. Existem diversas modalidades de poupança: guardam-se fundos em espécie em lugares seguros de determinadas casas; poupam-se colheitas e sementes para os tempos de escassez e para as festas; preservam-se cuidadosamente as relíquias (elementos têxteis, móveis, instrumentos, entre outros), o que também é considerado uma forma de poupar. Uma combinação contida nessa terceira via são as estruturas de organização do trabalho comunal para construir melhorias na provisão de água, nos acessos e na drenagem sem recorrer a dívidas, mas arrecadando pequenas parcelas de todos para a realização dos projetos. Isso também pode ser compreendido como uma modalidade de poupança.

Os processos de bancarização são relativamente recentes nas comunidades indígenas. García Ruiz analisou os processos de monetarização e suas implicações na vida comunal através da expansão dos bancos e das cooperativas, refuncionalizando as dinâmicas de poupança comunal. Uma vez que o dinheiro das redes de comércio que fabricam e comercializam têxteis, objetos de cerâmica, selaria ou de outros ofícios existentes nas comunidades nem sempre foi guardado em instituições bancárias, a presença delas representou uma transformação significativa.

Onde, então, se guardavam as poupanças monetárias? Qual era o destino do dinheiro circulante? Entre as várias estratégias de poupança, de seu destino e de seu uso, podemos pensar no *Kuchub'al* [poupança coletiva]: assim se denomina a estratégia de poupança e distribuição existente entre as famílias. Geralmente, as poupanças ficavam em poder das mães, das avós ou de mulheres mais velhas, e eram fundos de que se valiam para emergências, para a compra de terras ou para deixar um capital inicial como herança para as novas unidades de reprodução que se constituíam. Várias famílias poupavam dinheiro, e seu principal objetivo era aumentar o número de terras que possuíam. Por isso, a compra de terra era uma modalidade de poupança. Isso que se denomina compra de terras na verdade se refere à obtenção dos direitos de posse sobre a terra, o que não é o mesmo que comprar a propriedade. Geralmente, o destino dessas aquisições fundiárias era a ampliação das áreas de cultivo ou a construção de moradias para novas unidades de reprodução. As poupanças que chegam das remessas de trabalhadores migrantes também são usadas para a compra de direitos de posse sobre a terra, para a construção de novas casas ou para a compra de animais (gado ou outros) que ampliam a riqueza material.

Sandra Montejo, que mora nas comunidades de Ixcán, analisou essa lógica do processo da terra comunal da seguinte maneira: "As pessoas trabalham e poupam. Juntam dinheiro e depois compram terras em outros povoados, pois possuir a terra é garantia de que o dinheiro está bem investido e de que há herança para os filhos".

A terra é, então, a garantia do sustento da vida e do horizonte futuro; dessa maneira, a terra é articulada, produzida e também considerada uma forma de poupança.

2

"As comunidades que possuem a terra são um bom mercado para os bancos, porque os bancos são os novos agentes da espoliação." Esta é uma das conclusões da análise de Rolanda García sobre o papel dos bancos no processo de despossessão de terras comunais.

Em diálogo com García, diríamos que a dívida reforça a fragmentação das relações sociais (Federici, 2015). No caso do confronto entre comunidades indígenas e o processo de endividamento, vários relatos revelam que um de seus efeitos mais destrutivos é a ruptura das tramas comunais e familiares. A dívida põe em perigo as estratégias de herança da terra como garantia de vida no presente e no futuro.

Mas a dívida não funciona de maneira universal nas terras comunais. Existem modalidades atuais de submissão ao endividamento que se sobrepõem às velhas formas de exploração e dominação e que são aproveitadas pelos *finqueros* [grileiros] e pelos banqueiros no momento de conceder empréstimos a homens e mulheres. Essa superposição produzirá espoliações respaldadas por manobras judiciais com o fim de tomar a terra. Não são usados somente respaldos legais; diversas mulheres relataram ser por meio do amedrontamento e da violência que se consegue que a dívida imposta com altos juros tenha de ser paga através da cessão de parcelas da terra.

A seguir, enumeramos alguns traços de três modalidades da dívida em terras comunais.

1. Concessão de créditos sem o comprometimento da terra. Neste caso, refiro-me à situação denunciada por algumas comunidades com relação aos créditos concedidos por algumas empresas agrícolas aos camponeses donos de terras, como no caso de Palmas del Ixcán.

Nessas comunidades, as famílias possuem terras que podem ter dois ou três hectares, tamanho necessário para o cultivo da palma africana [dendezeiro]. Segundo Rolanda García, a empresa outorga um crédito aos camponeses que possuem títulos de propriedade para que cultivem a palma africana.

Um dos pontos denunciados pelas mulheres nessa modalidade de crédito é o problema da titulação da terra, que privilegia os homens. O que esse problema expõe é uma questão antiga, que data dos primórdios dos processos de titulação da terra, um procedimento administrativo cadastral que registrou os chefes de família como proprietários. Sendo a terra de caráter comunal, isto é, propriedade das tramas comunais, as instâncias administrativas registraram apenas um proprietário, excluindo nomes e sobrenomes das mulheres. Porém, embora a titulação seja do "chefe" da família, as dinâmicas de uso e de herança da terra foram geridas de maneira comunal por mulheres e homens para seu cultivo e conservação, e as mulheres se inserem, de modo estrutural, nos processos de herança para as novas gerações.

No entanto, no momento de vinculação da terra com os sistemas de créditos, tanto o impacto quanto o benefício são comunais, e por isso as mulheres denunciaram que os créditos também operam como forma de espoliação para elas e para sua família.

Vamos ao que se refere à própria forma do crédito. Ele é concedido por meio da seguinte operação: as pessoas entregam a escritura de sua propriedade como garantia e, com isso, obtêm recursos para a compra de plantas de palma, fertilizantes e pesticidas para seu plantio e cultivo. O tempo de trabalho necessário para o cultivo da palma é o triplo do tempo de trabalho requerido para o do sistema milpa (milho, feijão, *ayote* e pimenta), ao mesmo tempo que exige adubos que precisam ser adquiridos em grandes quantidades. As modalidades de crédito devem ser registradas de acordo com as distintas taxas de juros praticadas pelos bancos e pelas próprias agências — embora os créditos outorgados fora da modalidade bancária tenham juros maiores e não respeitem os limites estabelecidos pelos bancos.

Com frequência, o que se obtêm da venda da colheita não compensa o investimento inicial, provocando desajustes e perdas. A imprevisibilidade dos fenômenos pluviais e outras ocorrências naturais também aumenta os riscos e desajustes, o que acaba impossibilitando os pagamentos do crédito contratado e levando à tomada das terras de camponeses por empresas de palma. Assim, junto com a espoliação da terra, o crédito também introduz os agrotóxicos nas comunidades e, com isso, põe em perigo o processo de segurança alimentar criado e preservado nas comunidades.

Uma das razões que tornam as comunidades mais vulneráveis ao problema da dívida também tem a ver com a incerteza jurídica que paira sobre a posse da terra. As empresas se aproveitam dessa condição de incerteza para reforçar suas vantagens, visando a espoliação, e isso se dá a despeito das empresas não poderem assumir a propriedade da terra sem a mediação de um processo legal. Então, paradoxalmente, é a própria incerteza jurídica sobre a posse da terra que impede a apropriação.

A condição comunal da terra freia, assim, as formas de espoliação, pois a terra possui uma qualidade indivisível, imprescritível e não embargável.

2. Uma segunda modalidade é a dos créditos concedidos pelos finqueros *locais. No contexto guatemalteco, esse termo alude aos filhos de militares que, durante a guerra civil, se apropriaram de porções de terra de maneira ilegal e/ou pela força. Durante a guerra, o Exército guatemalteco empregou uma estratégia de terra arrasada: pelo menos quatrocentas aldeias, incluindo seus habitantes, gado e casas, foram completamente queimadas. Muitos sobreviventes relatam que o Exército ateou fogo às escrituras de suas terras e a toda a documentação legal a elas vinculada.*

A guerra marcou profundamente as dinâmicas de luta pela terra nesses territórios. Faço referência ao caso de San Raymundo Sacatepéquez, onde as comunidades, em uma disposição especial que lembra um quebra-cabeça, margeiam os limites das terras tomadas pelos *finqueros*. Trata-se de uma modalidade do território em que cada membro da comunidade possui no máximo duas ou três *cuerdas* de terra (a *cuerda* equivale a vinte metros quadrados).

Nessas comunidades, a migração rumo aos Estados Unidos representou uma das vias de fuga do trabalho de *finca*. Mas, para organizar suas viagens, as famílias acabam presas a empréstimos cedidos pelos *finqueros* em troca de documentos certificando a posse da propriedade. Além dos documentos, os *finqueros* pedem que um membro da família trabalhe em suas terras. Como se vê, essa modalidade se desenvolve por meio de um tipo de trato entre comunitários e *finqueros* marcado por toda sorte de desigualdades.

Sucely Puluc analisa esse processo: “Muitos daqueles que trabalham não têm um salário para garantir os créditos; assim, a fonte para o endividamento é a terra, e os *finqueros* tiram proveito dessa situação, pedindo que os devedores e suas famílias entreguem seus documentos de posse da terra, o que acabam fazendo por necessidade” (diário de campo da autora, 2020).

Se o familiar migrante morrer no caminho ou sofrer um acidente, o empréstimo não poderá ser pago, então o *finquero* se apossa da terra e, assim, vai desmembrando a comunidade.

Em outras ocasiões, o empréstimo é saldado pela família, a terra é recuperada e os migrantes ajudam a família com os rendimentos de seu trabalho. Nesse caso, podemos refletir e interpretar estratégias de resistência e saídas que as mulheres e os homens das comunidades devem criar. Outra forma de crédito que opera sob a modalidade do *finquero*-membro da comunidade foi estudada por Guerrero (1991), que analisa a economia do endividamento nas fazendas equatorianas e as formas de submissão dos camponeses, assim como as possibilidades de ruptura com essas modalidades de dominação:

> A dívida se devia mais à perda ou à morte de animais (o que se avaliava quando era feita a contagem destes). Muitas vezes, aplicava-se uma multa ou uma taxa por animal morto. Nesses casos, os *finqueros* diziam: "Coma o animal morto para que a dívida não seja tão custosa". Para o camponês, era indiferente pagar a dívida com o animal ou com seu salário, o qual, mesmo se tratando de um salário miserável, de vinte centavos, ainda assim lhe era tomado por qualquer pretexto. Então dizia o camponês: "Por que dar esse prazer ao patrão, dando-lhe a minha vaca? Que leve o salário que nunca me paga". (Guerrero, 1991)

Essas dinâmicas de submissão moldaram múltiplas formas de resistência, ao passo que a fragmentação tem como corolário o desgaste e a crise da vida comunal. Não se trata de uma inércia que seria própria desta vida, mas de sua forma de reprodução da vida, marcada pela capacidade de legar a terra a outras gerações; por isso, serão forjadas aí as formas de resistência.

3. *Analiso uma terceira modalidade de dívida a partir do fenômeno da expansão das denominadas* casas de prenda *[casas de penhor]. As* casas de prenda *outorgam empréstimos condicionados à penhora de* huipiles *[vestimentas tradicionais], elementos têxteis e outros objetos. O dinheiro em espécie que se obtém nesses esta-*

belecimentos é o que algumas vezes suprirá os pagamentos das duas formas mencionadas anteriormente.

Essas "casas de prenda" se dedicam particularmente a coletar objetos que as mulheres tecem ou criam. Várias mulheres relataram que, nessas casas, os produtos têxteis são comprados por menos da metade de seu valor:

> Os *huipiles* são levados a essas casas por necessidade, embora paguem menos da metade do que custam. Uma vez, fui até lá porque precisava pagar a parcela do empréstimo, então pensei que, se entregasse o meu *huipile*, conseguiria cobrir três meses do empréstimo, mas não; com o que me deram, pudemos pagar apenas um mês. (Diário de campo da autora, 2020)

Essa modalidade de crédito, que, como já dissemos, está vinculada às duas dinâmicas anteriores, subverte os elementos mais ordinários da vida doméstica. Se, no caso mencionado, utilizaram-se os produtos têxteis criados pelas mulheres, em certas ocasiões são usados animais domésticos, ovelhas, vacas, galinhas e coelhos. O mecanismo é o seguinte: concede-se o dinheiro em espécie, estabelece-se um prazo para o pagamento e tomam-se os animais domésticos como garantia; enquanto decorre o prazo estipulado para o pagamento do crédito, os animais continuam sendo alimentados pelas famílias proprietárias e, ao término do período, caso não se concretize o pagamento, os animais são levados embora.

> Toda essa dinâmica do crédito está adoecendo as mulheres. Nos encontros realizados, nós, mulheres, contamos que as doenças de que mais padecemos estão relacionadas com o estresse. As mulheres se veem obrigadas a entregar seus pertences para não perder a terra. Elas, preocupadas, se perguntam: "O que herdarão minhas filhas e filhos, senão a terra?". (Diário de campo da autora, 2020)

3

Este texto começou com uma alusão às lutas negras contra o racismo e a espoliação por causa da dívida da propriedade afrodescendente nos Estados Unidos. A alusão não é casual, pois há anos as comunidades vêm denunciando a espoliação da terra, assim como o papel que a dívida cumpre no referido processo. As comunidades indígenas também denunciaram a dominação econômica racista exercida sobre as estruturas que buscam reconhecer e respeitar a qualidade comunal da terra. A longa luta indígena pela terra foi reprimida, inclusive com políticas genocidas que exterminaram aldeias inteiras. Para as comunidades, a luta pela terra também carrega uma semente de luta antirracista.

Embora não exista uma porcentagem precisa da quantidade de terra espoliada por meio da dívida, podemos indicar três elementos para entender os efeitos do desmembramento de terras comunais como uma recorrência do constante assédio às comunidades. As dinâmicas de endividamento conseguiram questionar o caráter não embargável, imprescritível e indivisível da terra comunal e, nesse sentido, pode-se notar uma luta estrutural e interna que, embora não goze de uma plataforma, configura-se como uma luta orgânica no interior das tramas comunais.

Outro contraste que permite construir este texto com base nas reflexões de Taylor (2018 [2020]) é a indivisibilidade das lutas. Ao mesmo tempo que se luta pela dignidade, reivindicando a não violência contra as comunidades indígenas, essa luta também incorpora outras, como a luta pela defesa da terra e da propriedade comunal.

Em alguns lugares onde as comunidades travaram lutas veementes pela terra — estas que, ao mesmo tempo, apoiavam os processos de reconstrução posterior à assinatura dos Acordos de Paz, tal como no caso dos Q'eqchi' —, o Estado promoveu projetos de créditos para o acesso fundiário.

Tudo isso se dá no contexto do mercado fundiário, que regia o denominado Fundo de Terras, instituição nascida como resultado da assinatura dos Acordos de Paz, em 1996. Esse processo permitiu a compra da terra comunal na modalidade do patrimônio agrário coletivo ou em forma similar, e cada unidade familiar assume uma porção da dívida. A força da luta pela recuperação da terra foi confrontada pela proposta do mercado fundiário e finalmente a dívida se impôs, mas, contraditoriamente, também se habilitou a posse real da terra.

Tudo o que se expôs aqui coloca a luta pela terra como uma das mais importantes e nucleares nas sociedades indígenas. Abordar as dinâmicas de endividamento também revela a conexão com a imposição do uso de agrotóxicos. Por isso, a luta contra a dívida é, igualmente, parte central da luta pela terra, porque a terra não tem preço.

REFERÊNCIAS

FEDERICI, Silvia. "From Commoning to Debt: Microcredit, Student and the Disinvestment in Reproduction", Goldsmiths University, Londres, 2012. Disponível em: https://archive.org/details/SilviaFedericiTalkAtGoldsmithsUniversity-12November2012-CpAudio (arquivo de áudio).

GAGO, Verónica & CAVALLERO, Luci. *Una lectura feminista de la deuda: "Vivas, libres y desendeudadas nos queremos"*. Buenos Aires: Tinta Limón/Fundación Rosa Luxemburgo, 2019. [Ed. bras.: *Uma leitura feminista da dívida*. Porto Alegre: Criação Humana, 2022.]

GUERRERO, Andrés. *Semántica de la dominación: el concertaje de indios*. Quito: Ediciones Libri Mundi, 1991.

TAYLOR, Keeanga-Yamahtta. *De #BlackLivesMatter a la liberación negra*. Buenos Aires/Madrid: Tinta Limón/Traficantes de Sueños, 2017. [Ed. bras.: *#VidasNegrasImportam e libertação negra*. Trad. Thali Bento. São Paulo: Elefante, 2020.]

13 O CONTRATO EM CRISE: OCORRÊNCIAS, SOLIDARIEDADE E POLÍTICA DA DÍVIDA

Michele Spanò

As crises são ocasiões que recapitulam a história passada e, ao fazê-lo, colocam-na diante de nossos olhos sem a mediação da tradição, autorizando também sua crítica. A seguir, uma leitura da emergência atual, com base nas instituições do direito.

1

Quando, em 1890, Raymond Saleilles começou seu *Essai d'une théorie generale de l'obligation* [Ensaio de uma teoria geral da obrigação] declarando que as obrigações não passariam da "expressão ideal da lógica jurídica", ele afirmava um princípio cujos efeitos temos de avaliar de forma integral ainda hoje. Apenas quarenta anos depois da publicação de *Das Obligationenrecht* [O direito das obrigações], de Savigny, Saleilles se dedicava a explicitar um dos mais consistentes axiomas da história do direito moderno: a obrigação é a forma lógica de todas as relações jurídicas. Dito de outra maneira: para ganhar sua própria consistência jurídica, toda relação pode e deve ser reduzida à forma obrigatória.

Nos últimos anos, a filosofia acostumou-nos a pesquisas sobre o pano de fundo metafísico do neoliberalismo ou sobre as matrizes teológicas da cada vez mais generalizada condição do endividamento.

Mais do que um corpo a corpo com a questão puramente política da ordem ou com a questão religiosa da culpa, ainda que secularizada de várias maneiras, o neoliberalismo — e seu efeito de impor a "economização" das condutas — depende de uma infraestrutura mais resistente, e talvez prosaica, cuja matriz, velada, repousa sobre a dogmática do direito civil.

De fato, muito pouco das metamorfoses da relação social do capital, dos processos de financeirização e das técnicas de regulação da economia seria entendido sem se levar em conta, de forma adequada, o papel que a relação regulatória desempenha na qualificação e no disciplinamento das atividades de produção e circulação da riqueza.

2

A emergência ocasionada pela covid-19 não apenas oferece uma verificação pontual do que dissemos anteriormente como também — e é isso o que importa — abre espaço para sua urgente revisão crítica. No artigo 91 do Decreto-Lei nº 18, de 17 de março de 2020 (conhecido pela imprensa como "Cura Itália"), consagrado às "medidas de fortalecimento do Serviço Sanitário Nacional e de apoio econômico a famílias, trabalhadores e empresas relacionados à emergência epidemiológica produzida pela covid-19" no território italiano, tem-se que:

> Ao artigo 3º do Decreto-Lei nº 6, de 23 de fevereiro de 2020, adaptado com modificações pela Lei nº 13, de 5 de março de 2020, depois do parágrafo 6º, é acrescentado o seguinte: 6 bis. O acatamento das medidas de restrição do presente decreto deve ser sempre levado em consideração para a exclusão da responsabilidade do devedor, inscrita nos artigos 1.218 e 1.223 do Código Civil, e para a aplicação de eventuais privações ou penas ligadas a atrasos ou falta de cumprimento.

O conteúdo do parágrafo 6º pode ficar mais claro se explicitarmos suas referências. Os artigos 1.218 e 1.223 do Código Civil italiano estipulam o ressarcimento do dano em caso de descumprimento contratual. O artigo do Decreto-Lei nulifica seus efeitos, qualificando as medidas de contenção como o *factum principis* em virtude do qual o devedor descumpridor não será considerado responsável.

Trata-se de uma norma que talvez possa ter impacto relevante sobre a vida de muitas e muitos: basta pensar em um motorista de táxi — cuja fonte de renda é limitada pelo isolamento imposto pelas medidas restritivas — que não possa arcar com a parte que cabe ao proprietário. Os juristas estão discutindo acaloradamente sobre os efeitos relativos a eventuais litígios civis futuros e sobre a validade dos argumentos que poderão ser então apresentados.

No entanto, também é interessante aproveitar a oportunidade dessas tímidas brechas que o legislador abriu no inviolável caráter vinculante dos acordos comerciais para dar lugar — de forma concisa e provavelmente sinuosa — a uma reflexão de tipo mais geral. Se é verdade que o caráter vinculante do pacto é a coluna que dá sustentação à fisiologia da obrigação, tudo que acaba por abalá-la — seja um vírus ou, em tempos mais recentes, a crise financeira — deve ter um papel secundário no direito dos contratos de modo mais geral. Seu objetivo — histórico, claro, mas dogmaticamente transformado — é, desde sempre, muito menos prover ferramentas úteis para renegociar o conteúdo do acordo do que oferecer ao credor modos rápidos e seguros de solucioná-lo.

Portanto, não é uma casualidade que a disciplina das ocorrências, explicada por um punhado de artigos do Código (1.463, 1.467), tenha geralmente um caráter marginal. O excessivamente oneroso, por um lado, ou a impossibilidade constatada, por outro, constituem aquelas "razões" que permitiriam ao devedor propor ao credor uma renegociação dos termos contratuais. É lícito duvidar de que estes últimos possam exibir hoje uma inédita capacidade de contestação das seguranças dogmáticas consideradas impassíveis de quebra, e tão interiorizadas pelos juristas.

Para subtrair o dogma do caráter vinculante de suas aparentes naturalidade e racionalidade, seria necessário começar a tomá-lo pelo que de fato é: o resultado de uma luta histórica sobre as formas do contrato. Ou seja, sobre a compreensão formal e historicamente determinada de *um certo* modo de produzir e fazer circular a riqueza; sobre *um* modo possível de disciplinar e qualificar as relações privadas. Então aparecerá um esquema histórica e ideologicamente, material e logicamente, burguês. Em outras palavras, um esquema em que a capacidade normativa da vontade — o poder querer — não é outra coisa senão a aparência jurídica da troca. Vender, vender-se e comprar (a força de trabalho, por exemplo).

3

O empoeirado dossiê das ocorrências, agora desenterrado do fundo dos segredos do Código, seguramente não é decisivo quando o que está em jogo é, da forma como se intui, enorme. Mas, mesmo limitando-nos a considerá-las meros indícios de uma transformação mais profunda, elas exibem um caráter praticamente antagônico à forma contratual, que nos obriga a levar em consideração as metamorfoses que interessam à circulação da riqueza produzida e apropriada.

Não é fortuito que, de certas perspectivas, se comece a falar de autoproteção do devedor. Trata-se de um tímido anúncio do projeto de subversão de uma retórica — geralmente hegemônica e em constante expansão — que, com a justificativa de acelerar os tribunais, travados pelos litígios, propõe a transformação da exigibilidade e da exação dos créditos em assuntos quase privados.

É o caso do que chamamos de *novos pactos marcianos* e de não poucas diretrizes europeias: formas de execução de crédito em autoproteção, modos de execução extrajudicial acelerada que indicam uma progressiva absorção do direito de crédito pela propriedade. Nesses casos, e sem o exame de um juiz, o credor acaba se convertendo em proprietário de partes do patrimônio do devedor, sobre o qual pode intervir diretamente em prol de sua própria satisfação.

Mais uma vez, os contratos de locação constituem um bom exemplo, e as múltiplas astúcias capazes de eludir a proibição do pacto comissório — artigo 22.744, que proíbe a extinção da dívida por meio da coisa hipotecada ou empenhada —, como é o caso de certos tipos de créditos hipotecários, não fazem mais do que indicar que o direito privado (especialmente o europeu) nada mais é, ao fim e ao cabo, do que uma *política dos credores*. Um direito dos privados, claramente, *pelo menos em certa medida*, mas que faz da efetividade e da *private Ordnung* [ordem privada] um modo muito sofisticado de proteção do equilíbrio de trocas. Não esqueçamos que o direito privado europeu da regulação reivindica sua ascendência ordoliberal como um prestígio.

Aqueles que buscam explicações sobre o que ocorreu e como funciona esse neoliberalismo, descrito ainda muitas vezes como se fosse uma divindade onisciente e caprichosa, deveriam começar a pesquisa a partir daí. A crise econômica foi a primeira ocasião para responder a esse estado de coisas.

Uma crítica exigente, ainda que perfectível, da proibição do pacto comissório pode ser encontrada no cerne da iniciativa da Plataforma de Afectados por la Hipoteca (PAH) na Catalunha há vários anos. Hoje, os efeitos do vírus e de seu governo jurídico poderiam produzir, em matéria contratual, um resultado similar: isto é, poderia impor, junto com uma leitura alternativa da autoproteção, algo como uma verdadeira *política dos devedores.*

Já não se trataria então de proteger a "parte frágil" do contrato, como ocorre de maneira exemplar no direito do consumidor, mas seria a própria estrutura da relação obrigatória que seria posta finalmente sob garantia.

4

A cláusula de boa-fé e o princípio de solidariedade são a abscissa e a coordenada de uma estratégia jurídica de contenção dos efeitos que a crise — sanitária, econômica, ecológica, social — imprime à estrutura e ao equilíbrio dos contratos. Mas a crise do contrato, que a emergência permite ler de formas tão nítidas, não pode se conformar com intepretações que tenham — estas também — um caráter especulativo simplesmente emergencial. A crise pede que nos esforcemos para produzir uma mais geral e intransigente *crítica da obrigação.* O tema principal remete a uma estrutura do contrato e ao papel que nela cumpriu e poderia cumprir o princípio de solidariedade.

Estamos assim obrigados a retornar à *Urszene* [cena primal] das obrigações: quando se reduz a forma das relações à da obrigação — separando a causa dos motivos —, decide-se, com o mesmo gesto especulativo, identificar cada relação, pelo menos virtualmente, com uma troca; ou, para dizê-lo de outra maneira, considerar jurídica apenas aquela relação economicamente avaliável.

A abstração e a forma são as mais notáveis invenções do direito: na metade do século XIX, elas instituíram a relação social capitalista mediando as relações com o valor de troca e desenhando a aparência institucional da sociedade (civil) sob o disfarce de um mercado.

Mas, por razões que coincidem com a história da relação social capitalista, esse sistema de mediações (*aquela* forma, *aquela* abstração — não *a* forma, não *a* abstração) simplesmente já não possui validade. Crises e emergências são ocasiões que recapitulam a história passada e a apresentam aos nossos olhos sem a mediação da tradição, autorizando também sua crítica.

Lamentavelmente, no direito civil, a solidariedade continua funcionando como um antídoto: um antídoto que o intérprete — seja da doutrina, seja da jurisprudência — pode usar para uma relação cuja iniquidade é patente ou mesmo insuportável de tão onerosa.

Ocorre que essa solidariedade nunca se refere à estrutura da relação da qual o contrato é o esquema formal. Essa solidariedade-vacina, em todas as suas formas, só tinha sentido em um momento em que a produção de riqueza e sua circulação estavam institucionalmente circunscritas ao espaço de um "mercado". Já não tinha sentido — mesmo que sem dúvida tenha tido uma função progressista — em uma época de produção industrial. Como poderia, então, ter sentido em tempos de socialização integral do trabalho, de uma tendenciosa indistinção entre produção e reprodução social, de rarefação da forma de vida salarial, de marginalização da troca como dispositivo de extorsão e acumulação do valor, do comum como modo de produção?

Existem, portanto, pelos menos dois modos de entender a relação entre a solidariedade e o contrato, que se referem provavelmente a dois modos diferentes de entender o direito privado e suas políticas. O primeiro os considera a partir de uma relação *extrínseca*: existiria um princípio "social" ou moral da solidariedade que, através de oportunas operações — nas quais a parte do mais forte evoca a jurisprudência —, tenta-se "aplicar" ou "impor" a uma matéria, como a contratual, que, *naturaliter* (isto é, dogmática e a-histórica), teria se instituído de acordo com linhas antissolidárias.

A solidariedade é, então — tanto no caso de uma emergência quanto no caso de um conflito —, um "suplemento", justificável por linhas moralistas-caridosas, como ocorreu em sua variante corporativa, ou por linhas inspiradas na justiça social e na equidade, como foi e continua sendo o caso na solução constitucionalmente orientada.

O segundo propõe, ao contrário, a existência de uma relação (histórica e materialmente) *intrínseca* entre o princípio de solidariedade e a forma do contrato. Aqui, a solidariedade já não é uma integração posterior de uma relação que seria por definição não solidária, não cooperativa; na verdade, essa relação é um pressuposto e uma mediação inescapável da própria relação da qual o contrato é a forma. A rigor, dever-se-ia falar de uma "dimensão não obrigatória", justamente como se falou de uma "dimensão não proprietária".

5

A versão "infantil" daquele "milagre" alemão que é a relação obrigatória é certificada, com todas as letras, por um conjunto de experiências de mutualismo, solidarismo e auxílio mútuo que, mesmo com as medidas de restrição, continua crescendo. Trata-se de um leque de práticas — que podem ou não se transformar em "luta" — internas à produção cooperativa de riqueza (capitalista) que tentam interromper a apropriação privada do valor.

As atrizes e os atores que entram em cena aí não são samaritanas e filantropos, eremitas e tecnófobos, mas usuários e locatários que, produzindo e reproduzindo o comum, indicam, também em comunhão, que a solidariedade não é algo que se obtém a partir de outros, mas a própria condição desta cooperação: da produção e reprodução de bens e serviços, da organização das necessidades e dos interesses.

Trata-se, então, de formas de vida cooperativas não porque são boas e corretas, mas porque só assim podem produzir e se reproduzir, movendo-se entre a busca de fontes de renda, de crédito e de dívida privada. Se o que estas últimas anunciam é a antropologia de um novo Estado de bem-estar, trata-se agora de pensar as formas capazes de instituí-lo.

O fato de que a "casa" é o teatro especial dessa cooperação é uma evidência, ou uma ironia, que mereceria outra análise. O direito civil a construiu como um espaço por excelência impolítico — âmbito daquelas obrigações chamadas, não por acaso, de "naturais" —, dando lugar ao paradoxo particular segundo o qual o *oikos* é tecnicamente o menos econômico dos espaços. Os matrimônios e os patrimônios que custodiam esses limites jurídicos costumam desfazê-los, contudo.

Portanto, a casa é, sobretudo, um lugar que abriga a confusão e a indeterminação progressiva entre produção e reprodução. Ela o foi desde sempre, e agora todos o sabemos.

É legítimo temer que será muito difícil mobiliá-la com um novo estilo político sem, antes, ter considerado profundamente a infraestrutura jurídica. Uma pandemia global e algum artigo do Código Civil poderiam nos ajudar a vislumbrar uma forma distinta de pensar e disciplinar as relações, qualificar as necessidades, instituir e dar forma à cooperação. Para aqueles que não esqueceram a sexta tese sobre Feuerbach, de Marx, essa não deveria ser uma façanha inatingível.

14

ENDIVIDAMENTO FAMILIAR E PANDEMIA

Graciela Rodriguez
Paula Sarno

Nas últimas décadas, o mundo viveu uma ofensiva da financeirização econômica que, por chegar a diferentes âmbitos das atividades humanas, está sendo chamada de "financeirização da vida". Atualmente, o sistema financeiro é central para permitir e expandir novas formas de exploração, tanto dos chamados recursos naturais quanto do trabalho, fatores essenciais para a acumulação de riqueza. E essa expansão tem se dado de forma acelerada, em escala global e com um alto custo social, provocando novas violências.

No Brasil, esse processo ocorre no contexto de um sistema econômico que, nas últimas décadas, favoreceu a lógica rentista, permitindo uma consolidação estrutural do poder financeiro.

O setor bancário brasileiro se caracterizou, ao longo dos anos, por uma inabitual capacidade de adaptação às boas e más fases da economia, distinguindo-se do que se observa nos setores bancários de outros países. Essa foi a conclusão da AT Kearney Consulting, em um estudo que analisou a primeira década de 2000 para a revista *Exame*. Fatores como a persistência de altas taxas de juros e de um processo de concentração em poucas e grandes instituições possibilitaram que o setor garantisse uma rentabilidade (retorno sobre o patrimônio) que figurou entre as mais altas no âmbito internacional para o período que vai de 2003 a 2009. Assim, tanto na fase de crescimento econômico — marcada por um importante endividamento doméstico — quanto no período da crise financeira internacional, esse setor manteve sua posição entre os mais rentáveis.

Na pandemia do coronavírus, as expectativas antecipam que a situação não será diferente e que os bancos figurarão entre os maiores ganhadores do período.[31]

Sabemos que o endividamento, que se tornou cada vez mais significativo na vida cotidiana das famílias, é um processo antigo e conhecido pela população. Ele é chamado, hoje, de "extrativismo financeiro" (Cavallero & Gago, 2019) e está se transformando em uma das formas da nova ofensiva de exploração capitalista. A expansão popular do sistema financeiro no Brasil está intimamente ligada ao crescimento da informalidade nos territórios onde as mulheres são a maioria, além de estarem desempregadas em maior proporção e receberem menor renda. Por outro lado, a responsabilidade majoritária no cuidado da casa e a manutenção familiar as faz arcar com os custos da sobrevivência e da luta diária para otimizar recursos, recorrendo a créditos e endividamento para cobrir necessidades básicas.

A pandemia do coronavírus agravou enormemente esse cenário de crescente desemprego, ausência total de normas trabalhistas protetivas, aumento e normalização de atividades econômicas ilegais, expansão do militarismo e da violência. Percebemos a financeirização da vida como um elemento central que habilita novas dinâmicas extrativistas nas economias populares, através de mecanismos de endividamento que ampliam as formas de reprodução de desigualdades. A supressão da mediação salarial

31 No Brasil, 2021 foi o ano mais letal da pandemia: mais de 420 mil pessoas morreram de covid-19. Foi também um ano de lucros recorde para os bancos; as quatro maiores instituições financeiras do país lucraram juntas 81,6 milhões de reais, o maior valor já registrado por esse tipo de monitoramento ("Bancos brasileiros têm lucro recorde em pior ano da pandemia", *Brasil de Fato*, 17 fev. 2022). [N.E.]

para o endividamento dos microempresários informais abriu também um vasto campo lucrativo para o setor financeiro, como uma nova forma de extrair valor no capitalismo atual (Gago, 2014 [2018]). Compreender como ocorre esse fenômeno nas populações e particularmente entre as mulheres é cada vez mais importante para aquelas que, como nós, com base no feminismo, pretendem ter uma ação transformadora sobre o mundo.

O RETORNO DO PROCESSO DE ENDIVIDAMENTO DAS FAMÍLIAS NO BRASIL

No Brasil, os indicadores mostram um crescimento considerável do endividamento doméstico desde a segunda metade da última década. Esse processo foi um fator importante na fase de expansão econômica, mas, a partir de 2016, há um período de esfriamento como consequência da recessão, ao passo que os anos que a ela se seguiram foram marcados por uma ausência de recuperação. O nível de endividamento, por sua vez, não mostrou um retorno ao patamar — muito mais baixo — observado no início da primeira década dos anos 2000. Portanto, a impressão que se tem é que se produziu uma mudança estrutural. Em nossa opinião, dois fatores foram determinantes para essa situação: a bancarização, que aumentou o acesso aos produtos bancários, e a criação, em 2003, dos créditos consignados.[32]

32 Os empréstimos consignados foram criados pela Lei 10.820, de 17 de dezembro de 2003. Consistem na autorização irrevogável do pagamento de parcelas de empréstimos e financiamentos mediante o desconto automático na aposentadoria, ou no salário do servidor púbico, de até 30% de sua retribuição líquida e de 5% adicionais por crédito via cartão. A dívida pode ser paga em até 72 meses (6 anos) para aposentados e pensionistas e em até 96 meses (8 anos) para funcionários públicos.

Na fase de expansão do endividamento, os indicadores não deixam lugar para dúvidas. O saldo total de crédito livre[33] outorgado às pessoas pelo sistema financeiro mostra um crescimento de 11,6% em relação ao PIB em dezembro de 2007, e de cerca de 14% no fim de 2013.[34] A partir de então, o processo de crescimento acima do ritmo da economia em seu conjunto se desacelera e varia em torno de 13% do PIB, sem que haja uma tendência clara até 2018. Na mesma linha, o saldo do crédito total concedido às pessoas (livre e dirigido), que também considera os empréstimos imobiliários, passa de 14%, em março de 2007, a 25% em 2015, mantendo-se em torno de 25% entre 2016 e 2018.

Após a segunda fase, é possível verificar, mais recentemente, uma terceira, relacionada ao período imediatamente anterior ao início da pandemia, quando a tendência foi de clara retomada do processo de expansão da dívida. O saldo de crédito gratuito outorgado às pessoas físicas assume uma trajetória mais clara de crescimento em relação ao PIB a partir de março de 2018, quando chega a 13%, alcançando algo como 15% em dezembro de 2019. O nível de endividamento doméstico (saldo entre dívidas e renda dos tomadores de empréstimos) cresceu a partir de 2018, partindo de 41% em 2017 até chegar a 46% em março de 2020. O comprometimento da renda para o pagamento de juros e de amortizações cresceu de 19% em dezembro de 2018 para 21% em março de 2020.

Cabe mencionar que parte das dívidas contraídas pela população não se vê refletida nesses indicadores, dado o alto nível de desbancarização e, portanto, de utilização de modos informais de empréstimos. Uma pesquisa realizada pelo Instituto Locomotiva, publicada em agosto de 2019, estimou que, apesar do processo de bancarização ocorrido recentemente com a expansão do crédito, há 45 milhões de

33 Os créditos livres são aqueles que não possuem uma destinação estipulada por lei, como os que se dirigem à obtenção de imóveis ou os microcréditos.

34 Os dados relativos à porcentagem do PIB, ao nível de endividamento e ao comprometimento da renda são extraídos da série temporal do Banco Central do Brasil (BCB).

pessoas não bancarizadas, ou seja, 29% da população adulta do Brasil (maiores de 18 anos).[35] Muitas delas são vendedores ambulantes, trabalhadores autônomos ou que realizam trabalhos esporádicos. Entre as alternativas de crédito disponíveis a essa porção da população, segundo a mesma pesquisa, incluem-se recorrer a empréstimos com familiares (45%) e amigos (25%), comprar a crédito para pagar no fim do mês no próprio estabelecimento (69%) e utilizar o cartão de crédito emprestado de outra pessoa (51%).

Os dados da Serasa Experian compreendem um universo mais amplo de dívidas, pois incluem a população não bancarizada, abarcando não apenas as dívidas contraídas com o sistema financeiro, mas também com concessionárias de serviços de água, luz, gás e telefonia. Os dados publicados pela empresa em abril de 2019 mostram que a quantidade de consumidores com morosidade ou negativados era de 63 milhões, a cifra mais alta desde 2016, quando se iniciou a série. Essa quantidade corresponde a cerca de 40% da população adulta do país e inclui a metade da população entre 36 e 40 anos e um terço da população acima de 61 anos.

A FRAGILIDADE FINANCEIRA DAS FAMÍLIAS

Os dados também mostram que as famílias tiveram grandes dificuldades para cumprir com as obrigações com o sistema financeiro pelo menos desde 2016. O número de tomadores morosos de empréstimos (com atraso superior a noventa dias no pagamento das dívidas) é significativo. No período compreendido entre meados de 2016 e dezembro de 2019, o número de morosos passa de 8,5 milhões a 10,5 milhões, assumindo, portanto, uma trajetória nitidamente crescente.

35 "Um em cada três brasileiros não tem conta bancária, diz pesquisa", *Exame*, 18 ago. 2019.

Também é significativo o número de pessoas com elevada parcela da renda comprometida com o pagamento de dívidas. Segundo os dados do Banco Central, a quantidade de pessoas com mais de 50% da renda comprometida com o pagamento de dívidas oscilou entre 9 milhões e 10 milhões de junho de 2016, a primeira cifra publicada na série, até o início dos anos 2020. Considerando subgrupos por diferentes faixas etárias, os idosos são os que possuem uma participação mais alta nesse indicador.

A presença feminina é significativa entre os tomadores de crédito. Em dezembro de 2019, 41 milhões do total eram homens, e 44 milhões, mulheres. É importante lembrar que, segundo uma pesquisa de 2019 do Instituto Brasileiro de Geografia e Estatística (IBGE), em 45% dos lares brasileiros, as pessoas de referência na família são mulheres, 9 milhões a mais do que em 2012. Desse total de 2019, a participação daquelas com mais de 50% de seus rendimentos comprometidos com dívidas oscilou entre 12% e 14%, porcentagem superior à encontrada na população masculina, que foi de 10,8% a 12,9%. Entre as mulheres existe, contudo, uma porcentagem de morosas que oscila entre 10,9% e 13,8%, sempre inferior ao apresentado pela subpopulação masculina, que variou, ao longo da série, de 13% a 15,6%.

CONDIÇÕES PARA OFERECER CRÉDITO ÀS FAMÍLIAS NO BRASIL

Mencionaremos algumas características das condições de oferta de crédito no Brasil, importantes para compreender as dificuldades enfrentadas pelas famílias para cumprir com as obrigações de dívida contraídas no contexto de uma crise econômica.

Destacamos a crescente e significativa participação dos créditos consignados, modalidade que se expande tanto no período de crescimento quanto no período de crise. Trata-se de uma alternativa de menor custo e cuja garantia para o prestamista são os salários e as pensões, mas que pode comprometer até 35% da renda do devedor durante um longo período. Essa modalidade se expande e chega a representar algo como um terço dos créditos gratuitos outorgados a particulares. O problema mais grave identificado é o enorme endividamento dos aposentados e pensionistas com benefícios de até dois salários mínimos, e que, em grande medida, é visto como consequência da situação de vulnerabilidade financeira das famílias no contexto da crise econômica.

O papel dos créditos rotativos também é importante, em particular o do cheque especial e o do cartão de crédito. São menos representativos do que os empréstimos consignados, mas cobram as taxas de juros mais altas do mercado — muito mais altas do que a taxa de juros básica da economia —, sendo mais utilizados pelos grupos de menor renda e pelos setores mais vulneráveis.

Neste contexto de endividamento em expansão, destaca-se o papel de uma série de práticas dos provedores de créditos, cujos efeitos não devem ser subestimados. Por um lado, há incentivo para que se contraia crédito por impulso, ou a banalização da oferta creditícia através de uma publicidade que propagandeia o crédito fácil, sem burocracia e que permite "transformar os sonhos em realidade". Por outro lado, existe uma ausência de informação a respeito dos riscos, juros e prazos, fundamentais para a tomada de decisões, e uma inadequada apresentação ou formato para a avaliação da decisão em questão. Foi essa a conclusão do Instituto Brasileiro de Defesa do Consumidor (Idec) em uma pesquisa publicada em novembro de 2019, depois de avaliar o conteúdo das mensagens publicitárias de um conjunto representativo de instituições.[36] No âmbito dessa pesquisa, cabe ainda mencionar

36 "Pesquisa de publicidade de crédito", Idec, nov. 2019. Disponível em: https://guiadosbancosresponsaveis.org.br/media/495685/relatório-estudo-publicidade-de-crédito.pdf.

a oferta explícita de crédito a devedores negativados (morosos), sob a modalidade de "crédito pessoal".

Durante a pandemia, foi possível observar, por exemplo, um incremento na demanda de crédito na modalidade denominada "composição de dívida sem consignação", que permite a renegociação de distintas operações através de uma nova dívida. Algumas das medidas adotadas pelo Banco Central tinham como objetivo estimular essas negociações.

No entanto, de acordo com a pesquisa do Idec, essa modalidade se destacou por não oferecer ao devedor condições efetivas para o pagamento das parcelas da dívida, produzindo alto nível de morosidade. Nesse sentido, o crescimento no uso desse tipo de crédito poderá agravar, em um contexto pandêmico, a situação das famílias. Essa modalidade também oferece um montante de cem reais, ou algo similar, para o pagamento de uma dívida antiga de até mil reais, permitindo uma melhora na situação de morosidade dos devedores de pequenos valores, ao mesmo tempo que possibilita um retorno e uma devolução oportunistas do "auxílio emergencial" (outorgado pelo governo aos trabalhadores e às trabalhadoras informais) aos bancos credores.

A RECONFIGURAÇÃO DAS DISPUTAS ECONÔMICAS E FINANCEIRAS PÓS-PANDEMIA

Se todas essas situações já apontavam tendências de crescimento do endividamento familiar desde antes da pandemia, as lutas pelo controle dos fluxos financeiros se intensificam durante a crise sanitária, com vistas a sua consolidação na "nova normalidade" que, de fato, ameaça repetir e aprofundar os já conhecidos mecanismos financeiros para a exploração de países e populações.

No Brasil, por um lado, em grande parte devido às opções de políticas adotadas pelo governo e pelo Banco Central, os bancos não tiveram o papel esperado e necessário no financiamento das atividades produtivas, como maneira de responder ao enorme e urgente desafio de manter o emprego na crise pandêmica. Por outro lado, como resultado da mesma política, essas instituições puderam levar adiante uma estratégia de baixa exposição ao risco e de alta liquidez.

Isso se complementa com a reapropriação da renda emergencial e dos subsídios outorgados pelo governo, resgatados pelos bancos para o pagamento de dívidas anteriores ou então através do rápido uso que deles faz a população nos supermercados, empresas telefônicas e de internet, provedores de serviços públicos ou privatizados de água, luz, gás etc.

De fato, verifica-se que a implementação das rendas emergenciais também acabou sendo um forte incentivo para que as populações de menor renda, trabalhadores informais, desempregados e outros começassem a abrir contas bancárias e logo passassem a receber ofertas de crédito fácil.

Por fim, é importante destacar os avanços na negociação de tratados de livre comércio, como o Acordo União Europeia-Mercosul, o Acordo Brasil-Chile e outros que estão na agenda e que contêm diversos aspectos de risco para a economia nacional. Esses acordos incluem a negociação de serviços financeiros, a imposição de uma maior liberalização dos fluxos de capital e a desregulação dos controles de entrada e saída desses fluxos, o que poderá favorecer os interesses dos grandes bancos internacionais nos processos de privatização de empresas nacionais e inclusive do próprio setor bancário público, que está sendo empurrado na direção de sua redução e mesmo da privatização. Da mesma forma, a entrada das *fintech* no setor e a facilitação de crédito para pequenas e médias empresas e populações informais podem ser fonte de interesse para esse capital financeiro internacional que busca opções lucrativas e que, justamente, vê os acordos de comércio e investimentos como garantias de segurança jurídica.

CONCLUSÃO

Em síntese, a crise provocada pela covid-19 chega em um momento em que existia de antemão uma tendência ao crescimento do endividamento, assim como do desemprego e da precariedade do trabalho. Milhões de pessoas já lutavam para cumprir com suas obrigações de dívida, em um entorno no qual podemos identificar práticas abusivas e inadequadas por parte dos provedores de crédito, além de normas de proteção insuficientes.

Para as mulheres em particular, a oferta de crédito bancário fácil, assim como as opções de crédito de agências de financiamento que se multiplicam em pequenas localidades do interior do Brasil, representa, cada vez mais, formas de enfrentar a precária vida diária decorrida do desemprego e da ausência quase total de serviços públicos essenciais. Para elas, também costuma significar a adoção e a multiplicação, na pandemia, de taxas exorbitantes pelos provedores de crédito, oriundos de economias ilegais cada vez mais presentes nos territórios e que também estão com frequência conectados com o sistema bancário oficial.

O sistema financeiro foi encontrando um caminho bastante rentável no endividamento popular, alavancado pelo empobrecimento forçado das populações rurais e urbanas. Nesse sentido, a responsabilidade das mulheres pelo sustento familiar diário em situações de precariedade as coloca em uma situação de maior fragilidade diante das necessidades que implicam o cuidado da reprodução da vida. Assim, endividar-se para pagar dívidas se transforma em uma prática rotineira e extenuante para enfrentar a crise de saúde, o acesso a serviços essenciais e à moradia, e inclusive para enfrentar a violência doméstica que se multiplicou na pandemia.

Certamente, a politização do endividamento entendido como estratégia do capital pode facilitar a ação coletiva para enfrentar esses modos de produção e reprodução da vida impostos pelo hiperliberalismo atual. O feminismo, com sua perspectiva transversalizante, é um instrumento imprescindível que permite enxergar as tramas econômico-financeiras das dominações.

REFERÊNCIAS

BANCO CENTRAL DO BRASIL. *Relatório de inclusão financeira*, n. 2. Brasília: BCB, 2011.

BANCO CENTRAL DO BRASIL. *Relatório de cidadania financeira*. Brasília: BCB, 2018a.

BANCO CENTRAL DO BRASIL. *Estudos especiais do Banco Central*, n. 8. Brasília: BCB, 2018b.

BANCO CENTRAL DO BRASIL. *Estudos especiais do Banco Central*, n. 9. Brasília: BCB, 2018c.

BANCO CENTRAL DO BRASIL. *Estudos especiais do Banco Central*, n. 44. Brasília: BCB, 2019.

BANCO CENTRAL DO BRASIL. *Série cidadania financeira: estudos sobre educação, proteção e inclusão*, n. 6, *Endividamento de risco no Brasil*. Brasília: BCB, 2020.

CAVALLERO, Luci & GAGO, Verónica. *Una lectura feminista de la deuda: "Vivas, libres y desendeudadas nos queremos"*. Buenos Aires: Tinta Limón/Fundación Rosa Luxemburgo, 2019. [Ed. bras.: *Uma leitura feminista da dívida*. Porto Alegre: Criação Humana, 2022.]

GAGO, Verónica. *La razón neoliberal: economías barrocas y pragmática popular*. Buenos Aires: Tinta Limón, 2014. [Ed. bras.: *A razão neoliberal: economias barrocas e pragmática popular*. Trad. Igor Peres. São Paulo: Elefante, 2018.]

RED DE GÉNERO Y COMERCIO & ASOCIACIÓN CIVIL LOLA MORA. *Mujeres ante la crisis: ¿endeudarse para vivir?* Buenos Aires: Red de Género y Comercio, 2019.

RODRIGUEZ, Graciela (org.). *O sistema financeiro e o endividamento das mulheres*. Rio de Janeiro: Instituto Equit, 2020.

15

INCLUSÃO FINANCEIRA NA PANDEMIA: MAPEAR O CIRCUITO COMPLETO

Luci Cavallero

Verónica Gago

A pandemia significou um momento de reconfiguração e, ao mesmo tempo, de aprofundamento de lógicas econômicas e políticas existentes. Queremos nos concentrar em três dessas políticas cruciais que dizem respeito ao mundo das finanças: (i) a inclusão financeira para o recebimento de subsídios emergenciais; (ii) a entrada de tecnologia financeira nos lares; e, finalmente, (iii) o modo como essa inclusão está marcada, dentro do circuito financeiro, pela concentração monopólica dos setores de alimentos, comunicação, financeiros e imobiliários. Com base em uma metodologia feminista, nos perguntamos qual o significado desses processos de "inclusão financeira" que ocorrem em um contexto de aceleração da precarização marcado por quatro anos de inédito endividamento, tanto externo quanto doméstico.

A INCLUSÃO FINANCEIRA COMO POLÍTICA GLOBAL

Primeiramente, é importante pensar que tipo de políticas globais emerge da atual política de inclusão financeira e qual o papel das tecnologias digitais nessa nova onda.

A chamada "inclusão financeira", ao mesmo tempo que possui uma agenda nacional, deve ser contextualizada em um processo global, que tem na crise de 2008 um marco fundamental. Desse modo, mesmo que atualmente, na Argentina, esse termo possa ser usado para nomear diversos processos (que vão desde a inclusão bancária de segmentos da população com vistas ao pagamento de subsídios sociais até o desenvolvimento de instrumentos financeiros para projetos autogeridos), é importante conhecer a dimensão geopolítica na qual surge essa proposta.

A inclusão financeira se vincula a uma série de processos expansivos do capital financeiro sobre populações empobrecidas, principalmente na América Latina, Ásia e África. Trata-se de um conjunto de políticas promovidas pelos órgãos financeiros internacionais que se expande em ritmo acelerado a partir da crise global de 2008. Essas ações têm como premissa a linguagem da "inclusão" para apresentar a pobreza como uma nova fronteira sobre a qual devem avançar os instrumentos financeiros. Essa expansão dos negócios financeiros propõe fazer da "redução da pobreza e outras formas de assistência social um empreendimento comercial rentável" (Kish & Leroy, 2015).

As políticas denominadas de "inclusão financeira" constituem, assim, uma segunda onda de financeirização das populações mais precarizadas em um momento posterior à era dos microcréditos. Ou, dito de outro modo: são o balanço não realizado de seu próprio fracasso.

Um marco desse avanço pode ser lido no documento do Banco Mundial de 2008 intitulado "Finance for All" [Finanças para todos]. Ali se formula a necessidade do desenvolvimento de mercados "mais inclusivos" e uma mudança de paradigma que vai da expansão financeira através do microcrédito da década de 1980 até o desenvolvimento de produtos e serviços financeiros que incorporem novas tecnologias, com vistas a alcançar, assim, setores não bancarizados, mas que disponham de algum tipo de conexão digital.

Gabor e Brooks (2017) definem a inclusão financeira como um "novo Consenso de Washington", buscando ilustrar a confluência de atores que incluem desde os funcionários e formuladores de políticas públicas até os fundos de investimento, com o apoio explícito do G20.

Essa confluência se expressou em 2011 na Aliança para a Inclusão Financeira, renovando a retórica já conhecida da Aliança para o Progresso, agora em versão high-tech. Como apontou uma enorme e reconhecida bibliografia crítica sobre o paradigma do progresso promovido para o Terceiro Mundo a partir dos Estados Unidos, trata-se de formas renovadas de colonização do continente e de contenção de momentos históricos de revolta social.

A especificidade que caracteriza a "inclusão financeira" é, como indicam Gabor e Brooks (2017), o papel decisivo das novas tecnologias, a ponto de ser possível afirmar que é protagonizada pela tríade tecnologias/filantropia/desenvolvimento. A roupagem de tarefa moral que a noção de inclusão oferece a esses instrumentos financeiros faz emergir inclusive a noção de "filantrocapital" (Kish & Leroy, 2015).

Desse modo, a expansão de uma infraestrutura digital dos setores com menos recursos é condição prévia para a chamada inclusão financeira. Assim se explica outra aliança, denominada Better than Cash [Melhor que dinheiro vivo], criada em 2012 com o objetivo de digitalizar as transações monetárias e acelerar a inclusão dos não bancarizados.

O relançamento da financeirização dos lares mais empobrecidos depois da crise de 2008 implicou a formulação de uma explicação das causas da crise. A hipótese que subjaz à narrativa do Banco Mundial é a de que os fenômenos que desembocaram na crise global e no endividamento generalizado não têm relação com as práticas predatórias dos grandes bancos e fundos de investimento, mas com a incapacidade dos sujeitos de utilizar "corretamente" os instrumentos financeiros que lhes eram oferecidos.

Vemos a reedição do que foi chamado de "fábula das populações fracassadas", uma narrativa necessária para impor sobre certas regiões uma série de pedagogias coloniais e naturalizar sua pobreza como deficiência cognitiva (Escobar, 2005). O relançamento da "educação financeira" como "receita" para evitar um novo colapso teve então o objetivo de culpabilizar os usuários financeiros e de habilitar uma série de políticas de verdadeira propaganda.

Randy Martin (2002), por sua vez, analisou a construção da figura do "analfabeto financeiro" para mostrar como é necessário construir um sujeito destituído de conhecimentos, que deve ser educado para seu próprio bem e que, portanto, é individualmente responsável pelas crises econômicas. As novas tecnologias desenvolverão um papel central na produção dessas "subjetividades financeiras", permitindo alcançar setores não bancarizados, capilarizando uma infraestrutura capaz de possibilitar a chegada das finanças a qualquer lugar.

Vemos, por um lado, a inclusão financeira como política que, no âmbito global, passou a ser promovida a partir de 2008, renovando os instrumentos financeiros dirigidos a setores mais precarizados; e, por outro, a aceleração dessas dinâmicas próprias de receitas globais diante da emergência pandêmica.

INCLUSÃO, PANDEMIA E DEPOIS

Na Argentina, a nova onda de "inclusão financeira" se desenvolve no exato momento em que se busca renegociar a maior dívida externa da história nacional, que é, por sua vez, efeito do maior empréstimo concedido em toda a história do FMI.

Como ressaltamos em pesquisas prévias (Cavallero & Gago, 2021 [2022]), as políticas de ajuste implementadas pelo governo de Mauricio Macri ocasionaram a perda de poder aquisitivo de subsídios e salários e levaram a cifras inéditas de endividamento doméstico. Nesse sentido, destacamos de que maneira essa realidade afetou em particular as mulheres das economias populares — cujas atividades são fortemente feminizadas —, que se endividaram através de subsídios como a Asignación Universal por Hijo (AUH). Esse fenômeno se expressa de forma eloquente nos dados do Centro de Economia Política Argentina (Cepa) sobre o endividamento dos lares pobres: a quantidade de créditos outorgados às beneficiárias da AUH chegou a 92% dos auxílios existentes entre 2016 e 2019.[37]

A dívida, assentada sobre a economia cotidiana como gestão da precariedade, contém uma forte *ambivalência*: apresenta-se ao mesmo tempo como solução e como fator limitante. A dívida, como maneira de responder à crise sanitária, habitacional e alimentar, salva dos apuros emergenciais do *aqui e agora*, mas explora e condiciona o tempo *futuro*. Além disso, a dívida doméstica, em uma articulação específica com os papéis de gênero, extrai valor das tarefas reprodutivas como nunca antes.

Estamos diante de uma conjuntura específica que deve ser ressaltada: nos referimos à extensão de subsídios emergenciais a milhões de pessoas no primeiro ano de pandemia, muitas das quais tiveram de se bancarizar para obtê-los. Essa bancarização permitiu a cobrança do Ingreso Familiar de Emergencia (IFE), que havia sido previsto para 3 milhões de pessoas e que foi solicitado por 11 milhões (surpreendendo a própria capacidade oficial de fazer estimativas), sendo pago, por fim, a 9 milhões de

37 "Los impactos del ajuste económico en las políticas de niñez y adolescencia, 2016-2019", Cepa, 4 set. 2019.

pessoas.[38] Observa-se também que 55,7% dos beneficiários do IFE eram mulheres.[39]

Portanto, a bancarização desempenhou efetivamente um papel central na capacidade do Estado de intervir na situação de emergência, e houve uma clara intenção do governo de favorecer o sistema bancário público nessa tarefa. No entanto, é importante destacar que essa inclusão financeira é feita sobre a base de uma população já endividada, o que condiciona a eficácia política de transferência monetária quando esta é usada para pagar dívidas anteriores.

Em um relatório prévio,[40] sintetizamos outro ponto que, para nós, deveria ser objeto de debate no contexto desta nova onda de inclusão: a bancarização dessa população para concessão de subsídios emergenciais, quando se sabe da duração efêmera dessa transferência (ou seja: a conta bancária permanecerá, o subsídio não). Naquela ocasião, concluímos que "o caráter circunstancial da medida não garante por si só a continuidade virtuosa no sistema financeiro". Portanto, se essa permanência não for acompanhada pela provisão de serviços públicos gratuitos e de qualidade e por políticas públicas de transferências de renda superiores à dinâmica inflacionária, a inscrição no sistema financeiro de uma população sem renda ou com fon-

38 De acordo com um relatório da Dirección Nacional de Economía, Igualdad y Género, 8,9 milhões de pessoas receberam os dois primeiros pagamentos do IFE. Desse total, quase dois milhões de pessoas abriram uma conta bancária pela primeira vez para poder ter acesso ao pagamento. Ver Ministerio de Economía, "Políticas públicas y perspectivas de género", 15 jul. 2020. Disponível em: https://tinyurl.com/mryk4yhk.

39 "La Dirección de Economía, Igualdad y Género presentó el informe 'Políticas públicas y perspectiva de género: la desigualdad a través del presupuesto'", *Argentina.gob.ar*, 17 jul. 2020.

40 Luci Cavallero, Verónica Gago & Celeste Perosino, "¿De qué se trata la inclusión financiera? Notas para una perspectiva crítica", Grupo Investigación Intervención Feminista, dez. 2020.

tes intermitentes e insuficientes de renda pode se converter em um mero veículo para a contratação de novas dívidas pessoais.

Gostaríamos de acrescentar outro ponto importante, que surgiu na pesquisa que realizamos durante a pandemia: a consolidação das novas tecnologias digitais (*fintech*) para mediar o recebimento de subsídios emergenciais, mas também a generalização de seu uso como meio de pagamento em um processo forçoso de virtualização do dinheiro.

O governo argentino decidiu que as empresas privadas provedoras de serviços de *fintech* não poderiam se oferecer como meios de recebimento dos subsídios, já que, nos meses anteriores, havia sido comprovado que estavam cobrando taxas de juros altíssimas para a concessão de empréstimos; de fato, houve denúncias pelo desconto compulsório de dívidas com os bancos sobre o próprio subsídio.[41]

Nesse sentido, é importante destacar uma dinâmica prévia à pandemia: as empresas privadas de *fintech* dirigem seus serviços primordialmente a uma população bancarizada, da qual 62% são beneficiários de planos sociais e 28% são beneficiários da previdência social, segundo dados do *Informe de inclusión financiera* do Banco Central (Banco Central de la República Argentina, 2019). Portanto, antes da emergência sanitária, a expansão das tecnologias financeiras dirigidas aos setores mais precarizados estava acelerando a contratação de dívidas não bancárias e sendo operacionalizada pela expansão de uma infraestrutura digital (basicamente a telefonia celular) nos setores de menos recursos como condição prévia para a chamada inclusão financeira.

Todo esse fenômeno ganha velocidade e escala impensadas diante das restrições presenciais impostas pela pandemia, e, por sua vez, pode ser convertido em um meio particularmente ágil para, novamente, acelerar o superendividamento devido

41 "Denuncian a bancos por aplicar descuentos sobre el bono de $10.000", *BAE Negocios*, 10 maio 2020.

à piora da crise relacionada à renda. Por essas razões, é fundamental problematizar a própria ideia que subjaz a essa forma de inclusão. E há pelo menos três perguntas que nos permitem tanto sistematizar quanto abrir o campo de pesquisa: em que contexto se efetua essa inclusão? Em que condições se assegura a permanência de populações drasticamente empobrecidas no circuito financeiro? O que acontece com os dados dos usuários obtidos pelos bancos e que poderiam ser comercializados e/ou utilizados para direcionar novas ofertas creditícias?

BANCARIZAÇÃO EM UMA ECONOMIA CONCENTRADA

Gostaríamos de focalizar, finalmente, uma situação paradoxal: durante a emergência sanitária, o Estado atua inserindo a população em circuitos financeiros ao mesmo tempo que se aumenta a chantagem dos grupos econômicos que absorvem grande parte desses subsídios. Essa crítica não se dirige à outorga de subsídios em si, mas a outro aspecto que marca um limite decisivo na política de transferência de renda: não atacar as bases da concentração econômica. Limitar a inclusão à bancarização individual de setores precarizados e já endividados sem pautar a concentração das corporações que monopolizam a provisão de alimentos, moradias, comunicações e serviços financeiros acaba reforçando a captura desses mesmos subsídios estatais por parte dessas corporações.

São esses atores, ademais, que protagonizam, em plena pandemia e em plena renegociação da dívida externa, sucessivas "corridas cambiais" para pressionar pela desvalorização da moeda. Isso, insistimos, acontece em um momento de empobrecimento massivo e generalizado, com taxas de inflação também inéditas, que afetam diretamente o consumo de produtos cada vez mais dolarizados (alimentos, medicamentos, conectividade, aluguéis).

Os dados de um relatório recente do Instituto de Pensamientos y Políticas Públicas (Ipypp) confirmam[42] que são os setores do agronegócio, do grande comércio, imobiliário e financeiro aqueles que têm capacidade de extrair excedentes e fixar preços para se apropriar também dos subsídios emergenciais. E, por outro lado, como já dissemos, esse dinheiro absorvido pelas empresas monopólicas se converte, depois, na capacidade de chantagem sobre a moeda.

Assim, o modo de intervencionismo que é reivindicado como capacidade política de direcionamento de recursos e, portanto, capacidade de efetivação da soberania passa a funcionar como uma peça importante de desestabilização dessa mesma prerrogativa soberana. Então, podemos concluir que essa "inclusão" deve ser pensada também com relação a outros circuitos, levando-se igualmente em consideração outras políticas para uma população altamente empobrecida e endividada, além de medidas que enfrentem a absorção dessa renda pelos atores concentrados.

Com essa análise, queremos ir além do contraponto simplificado entre os conceitos de exclusão e inclusão. E, sobretudo, nos parece que esses pontos devem se prestar ao debate público e aberto, em contraposição à opacidade e ao sigilo que caracterizam o sistema financeiro.

42 "Aumento de precios y captura de subsidios por parte del empresariado", Ipypp, 29 maio 2021.

REFERÊNCIAS

BANCO CENTRAL DE LA REPÚBLICA ARGENTINA. *Informe de inclusión financiera 2019*. Buenos Aires: BCRA, 2019.

CAVALLERO, Luci & GAGO, Verónica. *Una lectura feminista de la deuda: "Vivas, libres y desendeudadas nos queremos"*. Buenos Aires: Tinta Limón/Fundación Rosa Luxemburgo, 2021. [Ed. bras.: *Uma leitura feminista da dívida*. Porto Alegre: Criação Humana, 2022.]

ESCOBAR, Arturo. *La invención del Tercer Mundo: construcción y deconstrucción del desarrollo*. Caracas: El Perro y la Rana, 2007.

GABOR, Daniela & BROOKS, Sally. "The Digital Revolution in Financial Inclusion: International Development in the Fintech Era", *New Political Economy*, v. 22, n. 4, p. 423-36, 2017.

KISH, Zenia & LEROY, Justin. "Bonded Life: Technologies of Racial Finance from Slavery to Philanthrocapitalism", *Cultural Studies*, v. 29, n. 5-6, p. 630-51, 2015.

MARTIN, Randy. *Financialization of Daily Life*. Philadelphia: Temple University Press, 2002.

16 RENDA GARANTIDA

Silvia Federici

PRIMEIRO, UM POUCO DE HISTÓRIA

A proposta de uma renda básica garantida tem uma história que remonta aos anos 1960, quando se avaliavam as consequências iniciais da cibernética. O primeiro a propô-la foi Robert Theobald, em 1963, em seu livro intitulado *Free Men and Free Markets* [Homens livres e mercados livres], apresentando de fato a renda garantida como a solução para a transição da "era industrial" à "era cibernética", como depois escreveu na introdução de seu *The Guaranteed Income: Next Step in Socioeconomic Evolution?* [A renda garantida: próximo passo na evolução socioeconômica?], publicado em 1965. Seu livro foi primeiramente considerado um exemplo de extremismo de esquerda, mas alguns anos mais tarde veio a ser avaliado por muitos como "reacionário".

Depois, em 1964, Milton Friedman, à época assessor do senador republicano Barry Goldwater, declarou seu apoio ao programa, esperando que se convertesse em uma iniciativa que liderasse o desmantelamento dos programas de bem-estar (*welfare*) do governo estadunidense. Argumentou que os governos contemporâneos não podiam deixar as pessoas morrerem de fome nas ruas e que, portanto, cada pessoa deveria ter acesso a um apoio mínimo. Essa ajuda não poderia ser grande a ponto de solapar o "desenvolvimento pessoal" (*self-help*), mas devia ser suficiente para evitar a morte por inanição. Ao mesmo tempo, e este era um ponto central, o governo deveria deixar de intervir com subsídios voltados à subsistência das pessoas.

Theobald insistia, ao contrário, que apoiava o programa por acreditar que possuir algum tipo de renda é um direito humano, já que cada indivíduo tem direito a uma "parte mínima da produção da sociedade". A premissa mais forte era a de que o sistema econômico já não precisaria de uma mão de obra "desqualificada", "subeducada". Pressupunha que as máquinas se tornariam cada vez mais eficientes e sofisticadas e que requereriam trabalhadores altamente qualificados, com "educação especial". "Parece estar emergindo um problema severo de 'inempregabilidade'", escreveu. Para resumir, segundo Theobald, muitos trabalhadores logo se mostrariam inadequados diante de máquinas cada vez mais eficientes e mais produtivas que eles. O seu objetivo, dizia, era defender o sistema de mercado por meio de uma "medida evolutiva" que permitiria também que os pobres continuassem sendo consumidores.

CONTRA O ARGUMENTO DA AUTOMATIZAÇÃO DO TRABALHO

Também hoje a justificativa geral para exigir uma renda básica, universal, incondicional é a tendência à automatização e à digitalização do trabalho e a crescente redução da necessidade de "trabalho vivo" no processo produtivo. Nesse contexto, a renda básica universal permitiria às pessoas escapar da chantagem de ter que aceitar qualquer trabalho, com qualquer salário e em qualquer condição, apenas para sobreviver.

O que há de concreto e o que há de problemático nessa proposta?

Antes de tudo, não podemos deixar de apoiar a demanda por uma renda básica garantida. Mas não podemos fazê-lo com base em uma inevitabilidade do desemprego massivo, sobretudo assumindo a ideia de que os trabalhadores estão se tornando prescindíveis, o que favorece a narrativa do capital.

Trata-se, pura e simplesmente, de uma campanha de terror que busca justamente fazer os trabalhadores aceitarem qualquer condição, à medida que acreditam que já não são necessários e que estão destinados a competir entre si. A realidade é que o capitalismo está estendendo as zonas de trabalho não remunerado, forçando uma enorme quantidade de serviço sob a fórmula de estágios e afins. Ademais, como insistimos muitas vezes, todo o trabalho doméstico, de cuidado de crianças e de limpeza, de atenção comunitária etc., representa uma enorme quantidade de trabalho que não é considerado como tal. Assim, a definição de qual trabalho é considerado como tal e qual não é se refere a um problema de relações de poder.

Dizer que o capital não precisa do trabalho, que alcançamos um suposto fim do trabalho, que estamos em um mundo dominado pela automatização é um *argumento patriarcal* que, mais uma vez, encobre o fato de que são as mulheres que fazem a maior parte do trabalho reprodutivo da força de trabalho, e que tal situação perseverará, inclusive se passarmos a ter uma renda básica garantida.

Também temos de ser cautelosas para não cairmos na armadilha de apoiar programas que justifiquem o corte de programas estatais subsidiados já existentes. Lembremos que uma renda puramente monetária será extremamente vulnerável.

Isso porque o Estado e o capital controlam o sistema financeiro e monetário, e, mediante as desvalorizações da moeda e a inflação, é possível retirar com uma mão o que é concedido com a outra. Quando a vida depende de um cheque ou de uma transferência do Estado, navegamos águas perigosas. É necessário saber claramente que esses programas nunca estão assegurados por completo. Devem ser considerados de forma estratégica, e muitas vezes é preciso mostrar também que eles não funcionam.

POR UMA VIDA QUE VALHA A PENA VIVER

Portanto, a pergunta que se mantém, e que é o lado positivo da demanda pela renda básica, é: como forçamos uma maior redistribuição da riqueza que (a) nos permita viver, ter uma vida digna de ser vivida, e (b) transforme as relações de poder entre nós e o capital, aumente a solidariedade e solape (em vez de reproduzir) as formas de discriminação que foram construídas? Essas questões são importantes. O New Deal, nos Estados Unidos, discriminava a população negra. Não queremos uma renda básica que faça o mesmo. A seguir, alguns pontos a serem levados em consideração.

O que devemos exigir não é apenas um montante de dinheiro, mas também o acesso universal a bens e serviços, gerido com a participação e o controle de nossas comunidades e coletivos, incluindo o acesso à moradia, o cuidado de crianças, de doentes, de idosos ou de todos aqueles que precisem de atenção, serviços de saúde etc.

Dito de outra forma, a renda garantida deve ser parte de um pacote mais amplo de medidas que assegurem o acesso à nossa reprodução material. Em alguns contextos, isso pode incluir o acesso à terra, aos direitos à pesca, ao combustível etc. Uma transferência monetária não é suficiente quando temos serviços de saúde deficitários, comida caríssima e cheia de agrotóxicos, transporte também caro, e se a terra para cultivar é roubada pelas corporações.

É boa a ideia de que nossa reprodução deve ser garantida. Mas ela deve ser garantida de forma que as medidas não sejam facilmente esvaziadas, e levando-se em consideração a diversidade de situações existentes.

A renda garantida deve ser universal. Isso significa que deve abranger todos os habitantes de um país, incluindo imigrantes e aqueles que contribuem para a reprodução da comunidade. Se dizemos que aqueles que são parte da comunidade são os que a produzem, que cuidam do comum, que garantem que os bens comuns estejam disponíveis para as próximas gerações, então devemos exigir a mesma renda para todos.

Hoje, por exemplo, as mulheres nos países escandinavos se queixam de que os homens têm direito à licença-paternidade e não fazem nada, e que elas, por outro lado, trabalham mais agora do que antes, quando sua licença-maternidade era mais extensa. Agora, a licença se divide em seis meses para cada um, mas, enquanto as mulheres trabalham, os homens geralmente não o fazem.

O que queremos dizer é que a renda deve servir para a reprodução da comunidade. Deve possuir uma dimensão coletiva.

Precisamos de proteções sólidas, formas de compartilhar a riqueza produzida, mas também precisamos ser responsáveis por nossas comunidades. Há muitas maneiras por meio das quais podemos contribuir de modo cultural, material, com nosso tempo e nossa energia para nossas comunidades. Isso poderia significar que a administração que distribui o dinheiro e os serviços deve incluir pessoas da comunidade, que conhecem as necessidades, garantindo também que aqueles que já possuem muitos recursos não recebam ainda mais, enquanto as comunidades que não têm nada, como a maioria das comunidades negras dos Estados Unidos, por exemplo, morrem de fome.

REPARAR E EXIGIR

Uma renda garantida inclui o conceito de "reparação". Não pode haver justiça em destinar um montante igual para todos quando, em um país como os Estados Unidos, os níveis de pobreza e espoliação históricos na comunidade negra exigem uma verdadeira revolução. Nesse contexto, a ideia de uma renda básica universal é uma abstração total.

Precisamos de programas que priorizem aqueles que historicamente tiveram menos — ou simplesmente nada. Precisamos de programas inversamente proporcionais, em favor daqueles que sempre estiveram excluídos. Em síntese, os temas a seguir são cruciais.

Queremos:

1. subsídios, recursos, bens materiais e serviços que não possam ser facilmente retirados por manobras monetárias;
2. subsídios, recursos, bens materiais e serviços que possamos ampliar e controlar;
3. subsídios, recursos, bens materiais e serviços que possam reverter injustiças históricas e que não assumam uma igualdade fictícia de necessidades;
4. subsídios, recursos, bens materiais e serviços que de alguma maneira reconheçam todo o trabalho que já fizemos e que foi apropriado pelo Estado e pelo capital.

Dito de outra forma:

5. o que exigimos é o que nos devem. Exigimos o que é nosso. O que exigimos não pode ser entregue em troca de mais trabalho, mas em reconhecimento de todo o trabalho que nós e nossas comunidades já fizemos e fazemos diariamente;
6. em nossas lutas, precisamos fazer pesar, de forma mais contundente, o trabalho que realizamos e que estamos realizando, de modo que não nos possam dividir entre os chamados "trabalhadores honestos" e aqueles que seriam "vagabundos", apesar de tudo que fizeram pelo bem-estar comunitário.

SOBRE AS AUTORAS

AMALIA CABALLERO é trabalhadora doméstica, militante e porta-voz do coletivo espanhol Territorio Doméstico.

CAJA DE AHORRO 1º DE MAYO é uma organização civil em Quito, um projeto de poupança e crédito com vistas a combater a desigualdade e a promover a cooperação mútua, a redistribuição financeira e ações de crédito solidário.

CONSTANZA CISNEROS é equatoriana, trabalhadora doméstica e militante feminista. É membro do coletivo espanhol Territorio Doméstico, do Observatório Jeanneth Beltrán e da Comisión 8M de Madri.

EDUARDO CODIANNI é doutorando em relações internacionais na Universidade Nacional de San Martín e membro fundador do Centro de Estudios de Integración Financiera, grupo de trabalho que integra o Centro de Políticas Públicas para el Socialismo. Presta serviços de assessoria ao Banco de la Nación Argentina e é colaborador do Centro de Estudios Desarrollo y Territorio, na Escuela de Política y Gobierno da Universidade Nacional de San Martín.

GLADYS TZUL TZUL é doutora em sociologia pela Benemérita Universidad Autónoma de Puebla, no México, e ativista maia quiché nascida em Totonicapán, Guatemala. Sua pesquisa é dedicada sobretudo aos modos de fazer política nas comunidades indígenas. É autora de *Sistemas de gobierno comunal indígena: mujeres y tramas de parentesco en Chuimea'ena* (Editorial Maya'Wuj, 2016) e de *Gobierno comunal indígena y Estado guatemalteco: algunas claves críticas para compreender su tensa relación* (Instituto Amaq', 2018).

GRACIELA RODRIGUEZ é socióloga, feminista e coordenadora do Instituto Eqüit—Gênero, Economia e Cidadania Global. Integra a Rede de Gênero e Comércio e é membro da coordenação da Rede Brasileira pela Integração dos Povos.

HANNAH APPEL é professora de antropologia econômica na Universidade da Califórnia em Los Angeles e cofundadora do Debt Collective. Sua linha de pesquisa abrange capitalismo transnacional, finanças, dívida e coletivos de devedores, movimentos anticapitalistas e abolicionistas, entre outros. É autora de *The Licit Life of Capitalism* [A vida lícita do capitalismo] (Duke University Press, 2019) e coautora de *Can't Pay, Won't Pay: The Case for Economic Disobedience and Debt Abolition* [Não posso pagar, não pagarei: desobediência econômica e abolição da dívida] (Haymarket Books, 2020).

INQUILINOS AGRUPADOS é uma organização civil argentina que luta pela defesa e a ampliação dos direitos de inquilinos e inquilinas. Além de ações de difusão, conscientização e promoção do direito à moradia, oferece assessoria jurídica gratuita a inquilinos e elabora projetos de lei para combater práticas locatícias abusivas.

JUAN PABLO ROJAS é membro e porta-voz do Deuda Educativa, movimento chileno de devedores exaustos dos abusos financeiros cometidos por bancos e validados pelo Estado.

LOTTA MERI PIRITA TENHUNEN é ativista e membro da Plataforma de Afectados por la Hipoteca (PAH) no bairro madrilenho de Vallecas. Estuda epistemologia feminista e marxismo autonomista, e é também membro de La Laboratoria, grupo internacional de pensadoras dedicado à pesquisa e a práticas cocriativas feministas.

LUCI CAVALLERO é feminista, doutora em sociologia, pesquisadora na Universidade de Buenos Aires e docente na Universidade Nacional Tres de Febrero. Estuda a relação entre dívida, capital ilegal e violências. É membro do Coletivo Ni Una Menos e do Grupo de Investigación e Intervención Feminista e diretora de projetos especiais do Ministério de Mulheres, Políticas de Gênero e Diversidade Sexual da província de Buenos Aires. É autora, com Verónica Gago, de *Uma leitura feminista da dívida* (Criação Humana, 2022).

MARTA MALO é tradutora, ativista e pesquisadora transfeminista. É organizadora e coautora de *Nociones comunes: ensayos entre investigación y militancia* (Traficantes de Sueños, 2004) e de *La Internacional Feminista: luchas en los territorios y contra el neoliberalismo* (Traficantes de Sueños, 2020), entre outros títulos. É membro da organização feminista La Laboratoria.

MICHELE SPANÒ é filósofo, jurista e professor da École des hautes études en sciences sociales (Ehess). Seus principais interesses de pesquisa são direito privado, teoria do direito e história do direito coletivo, ações de classe, comuns e filosofia social e política. É organizador, entre outros títulos, de *Rispondere alla crisi: comune, cooperazione sociale e diritto* [Responder à crise: comuns, cooperação social e direito] (Ombre Corte, 2017).

MUJERES DE FRENTE é um coletivo fundado em 2004 em Quito, no Equador. Composto por mulheres encarceradas e/ou que respondem a processos na justiça, Mujeres de Frente é um movimento de ação feminista antiencarceramento, cujas práticas envolvem reflexões, ações políticas e cuidado mútuo entre as mais afetadas pelas dinâmicas de acumulação de capital e do Estado punitivista.

MYRIAN ESPINOZA é feminista, ativista pelo direito à moradia e integrante da Plataforma de Afectados por la Hipoteca (PAH) no bairro madrilenho de Vallecas. Com Lotta Meri Pirita Tenhunen, escreveu *Hasta que caiga el patriarcado y no haya ni un desahucio más: deuda, vivienda y violencia patriarcal* (Rosa Luxemburg Stiftung, 2021).

NI UNA MENOS é um coletivo feminista plural e heterogêneo dedicado ao combate ao feminicídio e a todas as formas de violência contra a mulher. Fundado na Argentina em 2015, hoje está presente também em outros países da América Latina, como Chile, Bolívia e Peru.

OMAR AZIKI é membro do secretariado nacional da Association pour la Taxation des Transactions pour l'Action Citoyenne (Attac) no Marrocos.

PASTORA FILIGRANA é advogada, feminista, especialista em direitos trabalhistas e mestre em direitos humanos, interculturalidade e desenvolvimento pela Universidade Pablo de Olavide. É membro do Sindicato Andaluz de Trabajadores y Trabajadoras e cofundadora da Asociación de Mujeres Gitanas Universitarias. É autora de *El pueblo gitano contra el sistema mundo: unas reflexiones desde un activismo feminista y anticapitalista* (Akal, 2020).

PAULA SARNO é doutora em economia da indústria e da tecnologia pela Universidade Federal do Rio de Janeiro. É membro do Observatório do Sistema Financeiro e analista da Comissão de Valores Mobiliários. Seus principais temas de pesquisa são o sistema financeiro, a regulação financeira, o endividamento das famílias e mulheres e o financiamento de pequenas e médias empresas.

PEDRO BISCAY é advogado e mestre em lei e finanças pela Universidade do Centro de Estudos Macroeconômicos da Argentina (Ucema). É coordenador do grupo de trabalho Finanzas para el Desarrollo, vinculado ao Centro de Políticas Públicas para el Socialismo. Integrou o grupo da diretoria do Banco Central de la República Argentina, encarregando-se de monitorar operações bancárias e de outras instituições financeiras, bem como de políticas de acesso ao crédito.

RAFAELA PIMENTEL é natural da República Dominicana e residente na Espanha, onde é membro e porta-voz do coletivo Territorio Doméstico. É militante pelos direitos e pela dignidade das trabalhadoras do serviço doméstico e de cuidados.

SHARIANA FERRER-NÚÑEZ é socióloga, feminista negra, militante e cofundadora da Colectiva Feminista en Construcción, em Porto Rico.

SILVIA FEDERICI é intelectual militante de tradição feminista marxista autônoma. Cofundadora do International Feminist Collective [Coletivo feminista internacional], participou da Wages for Housework Campaign [Campanha por salários para o trabalho doméstico] e contribuiu com o Midnight Notes Collective [Coletivo notas da meia-noite]. Lecionou na Universidade de Port Harcourt (Nigéria) e é professora emérita da Universidade Hofstra (Estados Unidos). É autora de *Calibã e a bruxa: mulheres, corpo e acumulação primitiva* (Elefante, 2017 [2023]), *O ponto zero da revolução: trabalho doméstico, reprodução e luta feminista* (Elefante, 2019), *Reencantando o mundo: feminismo e a política dos comuns* (Elefante, 2022) e *Além da pele: repensar, refazer e reivindicar o corpo no capitalismo contemporâneo* (Elefante, 2023).

VERÓNICA GAGO é doutora em ciências sociais, professora da Universidade de Buenos Aires e da Universidade de San Martín e pesquisadora do Consejo Nacional de Investigaciones Científicas y Técnicas, na Argentina. É autora de *A razão neoliberal: economias barrocas e pragmática popular* (Elefante, 2018) e *A potência feminista, ou o desejo de transformar tudo* (Elefante, 2020). Tem colaborado com as experiências de pesquisa militante do Coletivo Situaciones, além de fazer parte do Coletivo Ni Una Menos, que luta contra o feminicídio na América Latina.

ZOÁN T. DÁVILA ROLDÁN é feminista negra, advogada, ativista em prol dos direitos humanos e membro da Colectiva Feminista en Construcción. Como advogada e militante, defende principalmente vítimas de repressão policial e comunidades empobrecidas em risco de despejo.

Primeira edição, novembro de 2023
São Paulo / Porto Alegre, Brasil

Título original:
¿Quién le debe a quién? Ensayos transnacionales de desobediencia financiera
Buenos Aires: Tinta Limón, 2021

Dados Internacionais de Catalogação na Publicação (CIP)
Angélica Ilacqua CRB-8/7057

Quem deve a quem? Ensaios transnacionais de desobediência financeira / Organização de Silvia Federici, Verónica Gago, Luci Cavallero; tradução de Igor Peres.
São Paulo: Elefante, 2023.
208 p.

Bibliografia
ISBN 978-65-6008-002-7
Título original: ¿Quién le debe a quién?
Ensayos transnacionales de desobediencia financiera

1. Dívida 2. Finanças I. Federici, Silvia II. Gago, Verónica
III. Cavallero, Luci IV. Peres, Igor

23-4369 CDD 332.024

Índices para catálogo sistemático:
1. Dívida

---

elefante
editoraelefante.com.br
contato@editoraelefante.com.br
fb.com/editoraelefante
@editoraelefante

Aline Tieme [comercial]
Samanta Marinho [financeiro]
Sidney Schunck [mídia]
Teresa Cristina Silva [redes]

FONTES Feruka, Silva & Rand

PAPÉIS Cartão 250 g/m² & Lux Cream LD 70 g/m²

IMPRESSÃO BMF Gráfica